Disfrute gratuitamente **DURANTE UN AÑO** de los eBook y audiolibros de las obras de Editorial Colex*

- ⊗ Acceda a la página web de la editorial **www.colex.es**

- ⊗ Identifíquese con su usuario y contraseña. En caso de no disponer de una cuenta regístrese.

- ⊗ Acceda en el menú de usuario a la pestaña «Mis códigos» e introduzca el que aparece a continuación:

RASCAR PARA VISUALIZAR EL CÓDIGO

- ⊗ Una vez se valide el código, aparecerá una ventana de confirmación y su eBook y/o audiolibro estará disponible **durante 1 año desde su activación** en la pestaña «Mis libros» en el menú de usuario.

---

* Los audiolibros están disponibles en las ediciones más recientes de nuestras obras. Se excluyen expresamente las colecciones «Códigos comentados», «Biblioteca digital» y los productos de www.vademecumlegal.es.

¡Gracias por confiar en nosotros!

La obra que acaba de adquirir incluye de forma gratuita la versión electrónica. Acceda a nuestra página web para aprovechar todas las funcionalidades de las que dispone en nuestro lector.

Funcionalidades eBook

Acceso desde cualquier dispositivo con conexión a internet

Idéntica visualización a la edición de papel

Navegación intuitiva

Tamaño del texto adaptable

Síguenos en: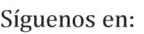

LA IMPORTANCIA DE LA ESCUELA RURAL

Huellas de tiza a propósito del centenario de las antiguas escuelas de Cereceda de la Sierra

LA IMPORTANCIA DE LA ESCUELA RURAL

Huellas de tiza a propósito del centenario de las antiguas escuelas de Cereceda de la Sierra

Prólogo:

José Luis Domínguez Álvarez
Juan Francisco Martín González

Prólogo:

Marcos M. Fernando Pablo

COLEX 2025

© José Luis Domínguez Álvarez
© Juan Francisco Martín González

© Editorial Colex, S.L.
Calle Costa Rica, número 5, 3.º B (local comercial)
A Coruña, 15004, A Coruña (Galicia)
info@colex.es
www.colex.es

I.S.B.N.: 979-13-7011-286-8
Depósito legal: C 1203-2025
DOI: https://doi.org/10.69592/979-13-7011-286-8

SUMARIO

CAPÍTULO V

LA ESCUELA RURAL Y EL PORVENIR DEL PUEBLO: EL EJEMPLO DE CERECEDA DE LA SIERRA A PROPÓSITO DE SU CENTENARIO

CAPÍTULO VI

ANÁLISIS DE LA FUTURA Y TANTAS VECES ANUNCIADA ESTRATEGIA DE SOSTENIBILIDAD DEMOGRÁFICA Y TERRITORIAL DE CASTILLA Y LEÓN: UNA HISTORIA INTERMINABLE

PRÓLOGO

La historia de la escuela rural en España ha sido ampliamente descrita en sus cifras, carencias y evolución histórica, desde la Ley Moyano (Ley de Instrucción Pública de 1857), a la Ley General de Educación de 1970 (Ley Villar Palasí que introdujo la EGB) y las posteriores reformas que se extienden hasta el presente. El proceso de agrupación comarcal y supresión de las viejas escuelas unitarias municipales fue muy intenso desde los años setenta del pasado siglo.

El otro elemento de la escuela, la figura del maestro rural cuenta también con amplia referencia literaria en el siglo XX: Desde Blasco Ibáñez a Muñoz Molina, pasando por Baroja, Azorín, Unamuno, Delibes, Cela, Torrente Ballester, Aldecoa, Goytisolo, Umbral, Landero o Llamazares...

¿Por qué ese interés —este volumen es muestra de ello— por la escuela rural? Quizá porque en aquellos destartalados edificios, hoy abandonados o reconvertidos en instalaciones municipales al servicio de otros fines, está todavía buena parte de nuestra infancia. Rainer María Rilke lo expresó mejor: «la verdadera patria del hombre es la infancia».

Como buena parte de los lectores de este volumen, quienes seríamos después llamados *boomers* (también la generación de la preguerra), conocimos una escuela rural muy particular. Los recuerdos que la redacción de este prologo me suscita, me llevan a evocar, por ejemplo, la necesidad de asistir a la escuela provistos de unas brasas, en un pequeño recipiente que las soportaba, a fin de amortiguar el frio de la meseta, o la posterior estufa de butano que el maestro administraba con economía y eficiencia energética encomiable. Me devuelven también a aquellas mañanas en las que debíamos preparar, para todo el grupo, la leche en polvo que enviaba la ayuda americana, o las tardes en que, invariablemente, alguno de mis compañeros abandonaba temprana y alegremente, el aula, para ir «*a los valles*» con el ganado familiar.

El *progreso* (la emigración) vació aquellas escuelas y con ello nuestros pueblos. Pero, tal como se ha dicho en otra ocasión, hijos y nietos de aquellos escolares se desempeñan hoy con éxito en las mejores compañías multinacionales (desde Airbus SAS a Google) y han formado parte sustancial del Estado del Bienestar: los médicos, arquitectos, enfermeras, veterinarios, maestros, ingenieros, jueces, economistas abogados, profesores universitarios que forman esqueleto del estado prestacional, proceden en buena parte de aquél inmenso sacrificio que hizo, de comunidades rurales resistentes a los desastres de un siglo, núcleos deshabitados, quizá ya abandonados.

El centenario de una escuela rural es muy buena ocasión para enlazar la historia pequeña (de la que a veces surge una gran historia) con la Historia grande, la de las estadísticas, la que cuenta el éxito de un país que supo pasar del subdesarrollo, al primer mundo, en la segunda mitad del siglo XX.

Mi felicitación a quienes han querido recuperar una pequeña historia para recordarnos el enorme precio que la gran Historia supuso para nuestra *patria*, o por decirlo, no en palabras de Rilke, sino de uno de los autores, el sacrificio que sufrieron *Comunidades discriminadas y territorios rurales abandonados,* título de una obra de 2021 (Thomson Reuters-Aranzadi, 2021) de José Luis Domínguez Álvarez, que supo introducir la problemática del reto demográfico en el debate político.

Salamanca, julio de 2025

Marcos M. Fernando Pablo
Catedrático de Derecho Administrativo
Director del Observatorio de Derecho Rural
Universidad de Salamanca

CAPÍTULO I

EL RELATO DEL RETO DEMOGRÁFICO Y TERRITORIAL EN EL INTERIOR PENINSULAR: ENTRE LA DEJADEZ, LA INEFICACIA Y EL ABANDONO

1. La despoblación del medio rural: un auténtico problema de Estado

En las últimas décadas, nuestro país ha experimentado un prolífico desarrollo económico y social, lo que ha propiciado dos importantes efectos cuanto menos contradictorios. Por un lado, esas profundas transformaciones socioeconómicas han permitido alcanzar un salto muy significativo en los niveles de renta y bienestar de la ciudadanía, especialmente en el ámbito urbano, al igual que ha ocurrido en los países de nuestro entorno más próximo[1]; y, por otro, se han acentuado estrepitosamente las diferencias entre el medio

---

1. Como recuerda BELLO PAREDES, en Europa también existe un fenómeno de despoblamiento de las zonas rurales, por ello no resulta extraño que desde la Unión Europea se haya venido reflexionando sobre esta situación con una finalidad prospectiva, como puede observarse en el Dictamen del Comité Europeo de las Regiones, de fecha 16 de junio de 2016, «La respuesta de la UE al reto demográfico» (2017/C 017/08). En este documento se realiza una descripción del cambio demográfico que se está desarrollando en Europa, al que se califica como uno de los mayores desafíos a los que se enfrenta la Unión Europea, con «el envejecimiento de la población, la disminución del número de jóvenes y una tasa de natalidad inferior». Cfr. BELLO PAREDES, S.A., «Castilla y León vacía (vaciada): esperando a Ulises», en *Revista de Estudios de la Administración Local y Autonómica*, núm. 3, 2020, p. 111.

urbano y las zonas rurales[2], agravando la problemática de la despoblación del medio rural y el abandono de extensas áreas de nuestra geografía[3]. Este fenómeno, característico del desarrollo económico moderno, se manifiesta en la persistencia de un atraso económico y social relativo en el medio rural, debido a causas económicas, sociales y políticas que son evitables, como se pondrá de manifiesto en las próximas páginas.

En este punto, urge recordar que España es el país más despoblado del sur de la Unión Europea, únicamente el 5 % de su población ocupa el 53 % del territorio total[4]. Según la Federación Española de Municipios y Provincias, la mitad de los 8.131 municipios que conforman el mapa del Estado español se encuentra en serio riesgo de extinción a medio o largo plazo por disponer de menos de 1.000 habitantes. Si observamos esta preocupante tendencia a escala provincial, advertimos que más de una tercera parte de las provincias españolas disponen de un 70 % de sus núcleos de población con un número igual o inferior al millar de habitantes. Este es el caso de Soria, Zamora[5], Burgos, Ávila, Salamanca, Palencia, Segovia, Valladolid, Zaragoza, Teruel,

---

2. La definición que nace de la Ley 45/2007, de 13 de diciembre, de desarrollo sostenible del medio rural, con sus modificaciones posteriores, permite conceptuar como rurales los municipios menores de 30.000 habitantes que, al mismo tiempo, tengan una densidad inferior a 100 h/km². Sin embargo, no siempre se utiliza este umbral. *Vid.* ALARIO TRIGUEROS, M., MOLINERO HERNANDO, F. y MORALES PRIETO, E. «Nuevos usos residenciales en el espacio rural de Castilla y León», en *Boletín de la Asociación de Geógrafos Españoles,* núm. 66, 2014, pp. 397-422.

3. Algunos autores sostienen que en los últimos años se ha producido una importante transformación del medio rural, al afirmar que «[t]radicionalmente la definición de medio rural se ha concebido en oposición a lo urbano. Sin embargo, desde la segunda mitad del siglo XX se ha producido un importante proceso de transformación que ha venido a poner en cuestión el concepto tradicional de «rural», que contaba con cuatro grandes características: la capacidad de explotar los recursos cercanos, la preponderancia de la actividad agraria, la mayor relación que en las ciudades con el medio natural, y la presencia de fuertes vínculos sociales entre los habitantes, enclavados en colectividades de reducido tamaño y relativamente estables». *Vid.* SANCHO COMÍNS, J. y REINOSO MORENO, D., «La delimitación del ámbito rural: una cuestión clave en los programas de desarrollo rural», en *Estudios geográficos*, vol. 73, núm. 273, 2012, pp. 599-624.

4. En España existen 6.780 municipios en áreas rurales, que ocupan el 73,2 % de la superficie del país. De esos, un total de 6.280 han perdido población durante esta década. Además, casi la mitad de los municipios tiene una densidad de población inferior a 12,5 habitantes por km² lo que los coloca en una situación de riesgo de despoblación. Por su parte, el 38 % de los municipios de las áreas rurales disponen de una densidad de población inferior a 8 habitantes por km², estando expuestos a un severo riesgo de despoblación. *Vid.* DOMÍNGUEZ ÁLVAREZ, J.L., «La despoblación en Castilla y León: políticas públicas innovadoras que garanticen el futuro de la juventud en el medio rural», en *Cuadernos de Investigación en Juventud,* núm. 6, 2019, p. 22.

5. Zamora es la provincia que más población ha perdido (14,7 %) con respecto al año 2001. *Vid.* INSTITUTO NACIONAL DE ESTADÍSTICA, *Estadística del padrón continuo*, Madrid, 2020.

Guadalajara, Cuenca, Huesca, León, La Rioja, Lugo y Orense[6]; territorios que protagonizan el drama de la España vaciada[7].

La despoblación del medio rural se convierte así en un auténtico problema de Estado que exige una respuesta rápida y coordinada por parte de las diferentes Administraciones públicas de nuestro país.

Ahora bien, conviene señalar que la despoblación[8] como tal —no así el éxodo rural, fenómeno muy anterior— es consecuencia a su vez de un prolongado proceso histórico que en nuestro país se remonta a mediados del siglo XX, momento temporal en el que podemos encuadrar los intensos desplazamientos migratorios[9], los cuales son el resultado de dos procesos que transcurren de forma paralela. Por una parte, encontramos el desarrollo de un modelo de industrialización políticamente dirigida y espacialmente concentrado no solamente a escala regional sino, principalmente, urbana y capitalina, de escasa implantación en ciudades de tamaño medio y en las áreas rurales[10]. Por otra parte, la aparición y proliferación de novedosos avances y

---

6. La despoblación del medio rural es especialmente preocupante en provincias como Soria, Teruel, Zamora, Ávila, Burgos o Salamanca, en las que más del 90 por 100 de todos sus municipios tiene menos de 1.001 habitantes. Ligeramente mejor es la situación que se da en las provincias de Guadalajara, Palencia, Zaragoza, Valladolid, Segovia, Huesca, Cuenca y La Rioja, que presentan tasas que superan el 80 por 100. Es decir, en catorce provincias al menos ocho de cada diez municipios subsisten con menos de mil habitantes censados, lo que amenaza su supervivencia, dado no solo sus escuálidos censos sino el elevado envejecimiento de su población. Además, en algunos casos, como la Ibérica, que es un territorio montañoso que aglutina 1.632 municipios de Castilla y León, Castilla-La Mancha, Aragón, la Comunidad Valenciana y La Rioja, más del 76 por 100 de las localidades son remotas, el 40 por 100 de los municipios superan como media los 50 años, y la densidad media de población es de 7,9 habitantes por km². Esta zona, junto a Laponia, son los dos únicos territorios de la Unión Europea que registran densidades inferiores a 8 habitantes por km². Todo ello conforme a los indicadores de los que dispone la Unión Europea en la actualidad (NUTS), a nuestro entender obsoletos y pendientes de revisión, puesto que la realidad del medio rural es bien distinta y mucho más alarmante. *Cfr.* CONSEJO ECONÓMICO Y SOCIAL, *El medio rural y su vertebración social y territorial.* Informe 01/2018, aprobado en sesión ordinaria del Pleno de 24 de enero de 2018. Madrid, 2018, p. 28.

7. *Vid.* FEDERACIÓN ESPAÑOLA DE MUNICIPIOS Y PROVINCIAS. *Población y Despoblación en España 2016.* Documento de trabajo de la Comisión de Despoblación de la FEMP, Madrid, 2017.

8. *Vid.* CAMARERO RIOJA, L.A., «Tendencias recientes y evolución de la población rural en España», en *Política y Sociedad,* núm. 8, 1991, pp. 13-24.

9. *Vid.* SILVESTRE RODRÍGUEZ, J., «Las emigraciones interiores en España durante los siglos XIX y XX: una revisión bibliográfica», en *Ager: Revista de estudios sobre despoblación y desarrollo rural = Journal of depopulation and rural development studies*, núm. 2, 2002, pp. 227-248.

10. De igual forma, reputados expertos señalan que «el desigual proceso de industrialización iniciado en España a mediados del siglo XIX y caracterizado por una enorme polarización, unido a las elevadas tasas de crecimiento económico experimentadas por nuestro país en la década de los 70, vinieron a ocasionar grandes trasvases de población desde las

herramientas que vinieron a suponer una profunda mecanización y tecnificación de las actividades propias de las zonas rurales y, con ello, el incremento sustancial de la productividad y la liberación de mano de obra agrícola[11]. A esta compleja tesitura, hay que añadir que a la destrucción de empleo en el campo se sumó su demanda en la ciudad, provocando un importante trasvase de población —especialmente de adultos jóvenes— hacia las grandes megalópolis hoy presentes en nuestra geografía, agravando con ello los procesos de despoblación y sangría demográfica del medio rural español.

No obstante, es importante señalar que, la despoblación no es un proceso impulsado única y exclusivamente por factores económicos[12], como los señalados con anterioridad. Ciertamente, la problemática del *abandono del medio rural* presenta múltiples y diferentes aristas, lo que dificulta enormemente la adopción de políticas públicas eficaces destinadas a paliar esta triste realidad. En este sentido, igualmente relevantes resultan para el modelo de poblamiento rural los desequilibrios generados en la prestación de *servicios públicos esenciales*, los cuales privados de la masa crítica de demanda imprescindible para rentabilizar su mantenimiento, unido a la disminución paulatina de actividades económicas en dicho entorno, han terminado por añadir un nuevo y decisivo factor a la hora de agravar el conocido drama de la «España vaciada»[13] o «España rural», binomio inseparable en nuestros días.

áreas más atrasadas (principalmente desde el medio rural del interior peninsular) hacia las zonas más prósperas y avanzadas. Estos flujos migratorios propiciaron que la población del medio rural, que representaba en la década de los 50 el 39 % de la población española, hoy suponga menos del 18 %». *Vid.* Pinilla Navarro, V.J. y Sáez Pérez, L.A., «La despoblación rural en España: génesis de un problema y políticas innovadoras», en *Informes CEDDAR*, Centro de Estudios sobre Despoblación y Desarrollo de Áreas Rurales (CEDDAR), núm. 2, Zaragoza, 2017, p. 17.

11. En este sentido, Camarero Rioja afirma que, «[e]ntre las causas directas de este despoblamiento del medio rural encontramos el importante proceso migratorio que ha provocado el desplazamiento masivo de población del campo a la ciudad, proceso que comenzó a principios del siglo pasado y ha provocado un severo vaciamiento demográfico, sobre todo en los municipios más pequeños. Este éxodo rural ha estado motivado principalmente por la falta de recursos económicos y de trabajo en las zonas rurales, dada su vocación principalmente agraria». *Vid.* Camarero Rioja, L.A., *Del éxodo rural y del éxodo urbano: ocaso y renacimiento de los asentamientos rurales en España,* Ministerio de Agricultura, Pesca y Alimentación, Secretaría General Técnica, Centro de Publicaciones, Madrid, 1993.

12. En este punto, conviene recordar, especialmente a quiénes se dedican de forma cotidiana y proactiva al ejercicio del noble arte de la política, que la despoblación del medio rural no es un fenómeno neutro, inherente y propio de la ruralidad, como se insiste en pregonar desde múltiples y diferentes esferas, sino más bien una consecuencia de las malas políticas y de la inacción de la que las instituciones han hecho gala año tras año.

13. En contraposición a esta acepción, y a la vista del enorme alcance con el que esta cuestión ha hecho su injerencia en la agenda política de nuestro país, son muchas las voces —entre las que destacan por su especial repercusión la de determinados pre-

A este respecto, resulta evidente que en los últimos años hemos asistido a una minoración sin precedentes de la actividad prestacional de las Administraciones públicas en el medio rural, provocando con ello una concentración de mayores y mejores equipamientos y servicios públicos en las zonas urbanas[14] —constante que representa, en gran medida, la esencia del modelo de desarrollo socioeconómico español—. Esta privación de servicios esenciales en las zonas rurales ha terminado por afectar a cuestiones tan relevantes como la *educación pública obligatoria*[15], la sanidad[16], el transporte y los servicios sociales, prestaciones que pese a representar necesidades de primer orden para garantizar la *dignidad* de quienes diariamente luchan por desarrollar su proyecto vital en el medio rural y contar con unos niveles de demanda elevada pero demasiado dispersa, han visto cómo al aumento de costes se yuxtaponía a una aminoración de gastos que, justificada o no por el devenir económico y la constricción del gasto de las Administraciones públicas, ha acabado por traducirse en la reducción y concentración espacial de los servicios públicos básicos. Estas y otras muchas cuestiones, han contribuido a que la despoblación del medio rural se haya convertido en un auténtico problema de Estado[17], pues supone una amenaza a las sociedades que las habitan, limitando el crecimiento económico, dificultando la prestación de

---

sidentes autonómicos— que cuestionan la utilización del término «España vaciada», apostando y animando a la población a referirse al medio rural como «la España de las oportunidades». Otros, incluidos quienes suscriben estas páginas, en cambio, sostienen que el término España vaciada es un eufemismo de abandonada, expoliada y saqueada, en alusión directa al persistente abandono al que los poderes públicos han sometido al medio rural en nuestro país en las últimas décadas.

14. *Vid.* Rico González, M. y Gómez García, J.M., «Mujeres y despoblación en el medio rural de Castilla y León», en *Ager: Revista de estudios sobre despoblación y desarrollo rural= Journal of depopulation and rural development studies*, núm. 3, 2003, p. 156.

15. Un claro ejemplo de esta triste realidad lo encontramos en la estoica cruzada que los habitantes de la Sierra de Francia (Salamanca) mantienen con la Consejería de Educación de la Junta de Castilla y León, los cuales llevan cerca de una década solicitando a la Administración autonómica la transformación del IESO «Las Batuecas» de La Alberca en IES, a través de la incorporación de estudios de Bachillerato y Formación Profesional que refuercen la oferta formativa y las oportunidades de futuro de los jóvenes de esta comarca, evitando con ello la diáspora poblacional que esto genera.
Otra manifestación palmaria del abandono al que las Administraciones públicas han sometido a las áreas rurales, de las miles que recorren nuestra geografía, la encontramos en Lastras de Cuéllar (Segovia), el pueblo sin abastecimiento de agua potable que sueña con algo tan sencillo como una tubería para revertir los nocivos efectos de la contaminación de sus acuíferos por purines de granjas y abonos químicos tras más de seis años de inacción administrativa y de privación de servicios esenciales.

16. Téngase en cuenta la campaña «Nuestro médico se queda», movilización en defensa de la sanidad rural que recorre desde inicios de 2020 la vasta meseta castellanoleonesa frente al desmantelamiento y cierre de consultorios locales promovido por la Junta de Castilla y León.

17. *Vid. op. cit.* Domínguez Álvarez, J.L., «La despoblación en...», p. 22.

servicios públicos y poniendo en peligro la propia existencia de los núcleos de población[18].

Sin embargo, y pese a todas estas dificultades, no debemos olvidar que los territorios rurales de la España vaciada representan espacios de especial riqueza, muchos de ellos situados en zonas de alta montaña, que albergan recursos de extraordinaria importancia para el conjunto del país[19], tanto en calidad como en cantidad, patrimonio del conjunto de la sociedad[20].

Ante esta compleja tesitura, las políticas públicas adquieren una importancia transcendental al convertirse en el vehículo idóneo para llevar a cabo la adopción de medidas que permitan dinamizar la economía local, dotar de servicios sociales básicos a las regiones más afectadas por la despoblación, garantizar la autonomía local o desarrollar nuevas iniciativas que permitan fijar población en el medio rural, dotando especialmente a los más jóvenes de oportunidades de futuro que contribuyan a alcanzar, de una vez por todas, un modelo de ordenación territorial sostenible en el que se potencie la supervivencia de los pequeños municipios que conforman la España rural.

Urge, por tanto, articular un conglomerado de soluciones tangibles a un problema vital, social y político, el del reto demográfico y territorial; de enorme envergadura[21] en el que están en juego los derechos y libertades fundamentales de la ciudadanía, institutos jurídicos que el paso del tiempo

---

18. *Vid.* Collantes Gutierrez, F., Pinilla Navarro, V.J., Sáez Pérez, L.A. y Silvestre Rodríguez, J. «Reducing Depopulation in Rural Spain: The Impact of Immigration», en *Population, Space and Place*, núm. 20, 2013, pp. 606–621.

19. En idéntica opinión García Jiménez señala que «la despoblación de los núcleos rurales trae consigo el riesgo de pérdida progresiva del patrimonio histórico-artístico que atesoran; el desaprovechamiento de las oportunidades económicas que pueden originarse en entornos agrarios y ganaderos; y un importante perjuicio a los entornos naturales, ya que al no dedicarse un considerable número de habitantes al cuidado de los montes los incendios forestales son cada vez más virulentos. Seguramente, si permanece esta tendencia, el entorno agrario caminará hacia la explotación intensiva basada en monocultivos, lo que propiciará la pérdida de una importantísima biodiversidad indispensable para mantener la vida tal y como la conocemos. La España vaciada ha demostrado su importancia sosteniendo al resto del país durante la pandemia provocada por la Covid-19». *Vid.* García Jiménez, A., «La despoblación: una cuestión de Estado», en *Revista Jurídica de Castilla y León,* núm. 52, 2020, p. 36.

20. Una interesante reflexión acerca de la importancia que revisten los hábitats de baja densidad poblacional, destacando las potencialidades y beneficios que presentan este tipo de asentamientos, dotados de un importante patrimonio cultural, puede encontrarse en Camarero Rioja, L.A., «Los patrimonios de la despoblación: La diversidad del vacío», en *PH: Boletín del Instituto Andaluz del Patrimonio Histórico*, vol. 27, núm. 98, 2019, pp. 50-69.

21. *Vid.* Sánchez de Vega, A., «El Consejo Consultivo de Castilla y León y las Administraciones locales en el ámbito rural», en Fernando Pablo, M.M. y Domínguez Álvarez, J.L., (Dirs.), *Rural Renaissance: Derecho y Medio Rural,* Thomson Reuters-Aranzadi, Cizur Menor, 2020, p. 32.

y la inacción del poder público han desdibujado casi por completo hasta hacerlos prácticamente imperceptibles para una buena parte de la población, convirtiendo el abandono del medio rural en un problema de igualdad real[22], que colisiona con lo enunciado en los artículos 14 y 9.2 de la Constitución española[23], poniendo en serio riesgo la dignidad[24] de la población de las áreas rurales[25].

2. Un breve apunte de las principales causas de la despoblación y el envejecimiento del medio rural

Como se ha subrayado al inicio de estas líneas, la inmensa mayoría de las zonas rurales españolas se han visto inmersas en un profundo proceso de despoblación, el cual está haciendo peligrar en gran medida la pervivencia de estas sociedades[26]. Dicho fenómeno trata de ser paliado a través de la articulación e implementación de diversos tipos de medidas económicas y sociales, enmarcadas desde hace varias décadas dentro de una paupérrima y fallida política de desarrollo rural sostenible.

---

22. «Nadie es más que nadie», dice un proverbio de Castilla. «Esto quiere decir —explicaba Juan de Mairena— cuánto es difícil aventajarse a todos, porque, por mucho que un hombre valga, nunca tendrá valor más alto que el de ser hombre». *Vid.* MACHADO, A., *Juan de Mairena: Sentencias, donaires, apuntes y recuerdos de un profesor apócrifo,* Alianza Editorial, Madrid, 1981, p. 90.

23. El art. 14 CE consagra el principio de igualdad legal al establecer que «[l]os españoles son iguales ante la ley, sin que pueda prevalecer discriminación alguna por razón de nacimiento, raza, sexo, religión, opinión o cualquier otra condición o circunstancia personal o social». Por su parte, el art. 9.2 CE preceptúa el principio de igualdad material y establece un mandato preciso a los poderes públicos para que estos promuevan las actuaciones pertinentes orientadas a impulsar la libertad e igualdad real de los individuos: «[c]orresponde a los poderes públicos promover las condiciones para que la libertad y la igualdad del individuo y de los grupos en que se integra sean reales y efectivas; remover los obstáculos que impidan o dificulten su plenitud y facilitar la participación de todos los ciudadanos en la vida política, económica, cultural y social».

24. En torno al valor de la dignidad, y su estrecha interrelación con la igualdad, el rector magnífico por excelencia de la Universidad de Salamanca señalaba lo siguiente: «Así como no apreciamos el valor del aire, o el de la salud hasta que nos hallamos en un ahogo o enfermos, así al hacer aprecio de una persona olvidamos con frecuencia el suelo firme de nuestro ser, lo que todos tenemos de común, la humanidad, la verdadera humanidad, la cualidad de ser hombres, y aún la de ser animales y ser cosas. Entre la nada y el hombre más humilde, la diferencia es infinita, entre éste y el genio, mucho menor de lo que una naturalísima ilusión nos hace creer». *Vid.* DE UNAMUNO, M., «La dignidad humana», en *Obras completas,* Editorial Escelicer, vol. I, Madrid, 1966, p. 972.

25. Conforme al art. 10.1 CE, «la dignidad de la persona, los derechos inviolables que le son inherentes, el libre desarrollo de la personalidad, el respeto a la ley y a los derechos de los demás son fundamento del orden político y de la paz social».

26. *Vid. op. cit.* RICO GONZÁLEZ, M. y GÓMEZ GARCÍA, J.M., «Mujeres y despoblación...», p. 177.

Entre las causas directas de este despoblamiento del medio rural[27] encontramos el importante proceso migratorio que ha provocado el desplazamiento masivo de población del campo a la ciudad, proceso que comenzó a principios del siglo pasado y ha provocado un severo vaciamiento demográfico, sobre todo en los municipios de menor tamaño. Este éxodo rural ha estado motivado principalmente por la falta de recursos económicos y de trabajo en las zonas rurales, dada su vocación principalmente agraria. Los mejores equipamientos y servicios sociales en las zonas urbanas, así como la atracción de la forma de vida imperante en las ciudades, son factores que también explican este proceso migratorio[28] y, por último, el crecimiento vegetativo negativo, resultado tanto de la caída de la natalidad[29] y de la tasa de fecundidad, generalizadas en nuestro país a partir de los años setenta, como del envejecimiento de sus habitantes fruto de la emigración y del aumento de la esperanza de vida[30].

Si a esta problemática propia derivada de los factores sociodemográficos de las áreas rurales le añadimos la progresiva y paulatina supresión de servicios esenciales para garantizar el bienestar y la dignidad de las poblaciones del medio rural; el continuo abandono y olvido al que los diferentes poderes públicos han sometido a los territorios rurales, dejándolos al margen de las grandes políticas públicas transformadoras de la sociedad española —avances digitales, infraestructuras, fortalecimiento del estado del bienestar, etc.—; y el establecimiento de un marco normativo exacerbado, caracteri-

---

27. En palabras de la Federación Española de Municipios y Provincias, cuatro son «las figuras que pueden explicar los desafíos demográficos a los que hay que enfrentarse multidimensional y multisecularmente: la baja densidad; el envejecimiento, la caída de la natalidad y la pérdida continuada de la población. Los datos no hacen más que subrayar la urgencia de poner en marcha decididas políticas de Estado que pasen de las palabras a los hechos, con un riguroso planteamiento de medidas prácticas e incorporando la lucha contra la despoblación como un principio a tener en cuenta en todos los planes y líneas de acción de las administraciones públicas». *Vid.* FEDERACIÓN ESPAÑOLA DE MUNICIPIOS Y PROVINCIAS. *Listado de medidas para luchar contra la despoblación en España.* Documento de acción de la Comisión de Despoblación de la FEMP, Madrid, 2017, p. 5.

28. *Vid.* GÓMEZ GARCÍA, J.M. y GONZÁLEZ RICO, M., «La mujer en el medio rural de Castilla y León: diversificación sectorial y proceso de dinamización económica», en *Estudios de economía aplicada,* vol. 23, núm. 2, 2005, p. 470.

29. Al analizar la situación actual por Comunidades Autónomas, se observa un claro desequilibrio entre unas regiones y otras. Obsérvese por ejemplo la diferencia existente entre Andalucía y Castilla y León, las dos comunidades con mayor superficie: mientras que la primera es la que más nacimientos registró en 2016 (79.263), Castilla y León solo tuvo 16.675 nacimientos. También existen grandes diferencias en las tasas de natalidad en función del tamaño del municipio.

30. *Cfr.* GARCÍA SANZ, B., «¿Se acabó el éxodo rural? Nuevas dinámicas demográficas del mundo rural español», en GARCÍA PASCUAL, F. (Coord.), *La lucha contra la despoblación todavía necesaria: políticas y estrategias sobre la despoblación en las áreas rurales del siglo XXI,* Centro de Estudios sobre la Despoblación y Desarrollo de Áreas Rurales, Zaragoza, 2003, pp. 13-42.

zado por el desconocimiento absoluto de la realidad rural y la constitución de barreras (i)lógicas e (in)franqueables que impiden el desarrollo de cualquier iniciativa personal o profesional en este preciado entorno, entendemos buena parte de los factores que han hecho de la España vaciada un territorio yermo y enmudecido[31].

Este panorama desolador se recrudece aún más en el territorio rural de algunas Comunidades Autónomas. En palabras de García Sanz, esta situación se debe principalmente a dos cuestiones transcendentales[32:]

En primer lugar, debido a su importante tradición agraria. Las peores condiciones de vida de las zonas rurales con respecto a las ciudades, junto con la creciente demanda de fuerza de trabajo en sectores típicamente urbanos, fueron los factores que motivaron el inicio del éxodo rural. Posteriormente, la modernización del sector agrario acentuó dicho éxodo, expulsando numerosos activos agrarios hacia la industria y los servicios localizados en las ciudades. Este proceso ha sido más acusado cuanto mayor era el peso de la agricultura en la economía tradicional de las zonas rurales.

Y, en segundo lugar, el menor tamaño inicial de sus núcleos de población. Tal circunstancia ha dificultado que en estos municipios se hayan generado las economías de escala necesarias para el mantenimiento de las actividades productivas en un mundo cada vez más competitivo. Asimismo, la distribución de la población en pequeños núcleos ha implicado que la expansión de los servicios sociales durante el pasado siglo, educación y sanidad, principalmente, haya sido muy inferior a la acaecida en los núcleos urbanos.

No obstante, conviene subrayar que la enorme despoblación que ha puesto en jaque a buena parte de los municipios que conforman la geografía peninsular, no solamente se debe al crecimiento vegetativo de la población y al éxodo rural acentuado por la reconversión del modelo económico que nuestro país ha experimentado en las últimas décadas. En este punto conviene señalar otra serie de factores que pese a tener una menor transcendencia han contribuido a enfatizar este contexto de abandono del medio rural.

Entre estos factores podemos destacar, en primer lugar, la puesta en marcha de ambiciosos instrumentos normativos sin la correspondiente inversión presupuestaria que permita implementar las medidas aprobadas legalmente, como ocurre en el caso concreto de la Ley 45/2007, de 13 de diciembre, para el desarrollo sostenible del medio rural, con la que se pretendía revertir la

---

31. Todas estas características han propiciado que algunos autores hayan definido el medio rural como «un concepto difuso, de reciente aparición, creado para designar aquello que no es ciudad, y generalmente entendido como un conjunto heterogéneo de territorios vencidos, o más bien de territorios *de vencidos*». *Vid.* DEL ROMERO RENAU, L., *Despoblación y abandono de la España rural. El imposible vencido,* Tirant lo Blanch, Valencia, 2018, p. 18.

32. *Vid.* GARCÍA SANZ, B., «La industria agroalimentaria y el desarrollo rural», en *Papeles de economía española,* núm. 96, 2003, pp. 96-111.

situación de olvido de las zonas rurales. Esta falta de desarrollo presupuestario ha propiciado el fin de numerosas iniciativas que tenían como objetivo primordial insuflar oxígeno en un mortecino medio rural, entre las que cabe destacar la puesta en marcha de nuevas actividades económicas como el turismo rural, la modernización y el fomento de la industria agroalimentaria o la recuperación de elementos patrimoniales, socioculturales o históricos.

La falta de coordinación y planificación a la hora de diseñar el elenco de actuaciones a desarrollar para revitalizar el medio rural por parte de las diferentes Administraciones públicas, unido al olvido paulatino de los órganos encargados de la coordinación y el fomento de la participación en la consecución de un nuevo modelo de desarrollo territorial sostenible, sería otra de las cuestiones a tener en cuenta a la hora de ponderar las causas que han contribuido al avance de la despoblación en nuestro país.

Especial atención merece también, la ausencia de un marco normativo caracterizado por adaptarse a las necesidades concretas y específicas de los pequeños y medianos municipios. Atendiendo a esta cuestión, debemos señalar el impacto restrictivo que ha tenido la aplicación de un régimen jurídico general, desprovisto en muchos casos de preceptos orientados a normativizar la realidad rural, alejada del ruido de las grandes urbes. Esta cuestión puede observarse con meridiana claridad en lo que se refiere al abundante elenco de normas medioambientales, las cuales lejos de garantizar el objeto último del Derecho Ambiental[33], han terminado por convertirse en una barrera más encargada de entorpecer y dificultar extraordinariamente la puesta en marcha de nuevas actividades económicas o empresariales que contribuyan a fijar población en el medio rural. Todo ello nos permite advertir la necesidad de explorar novedosas alternativas, de la mano de la articulación de un nuevo marco regulador que contemple las necesidades específicas de las zonas rurales, flexibilizando las exigencias requeridas para proceder a la puesta en marcha de nuevas actividades económicas sin que ello suponga una merma de los estándares de protección medioambiental de las zonas más despobladas[34].

---

33. Como señala MARTÍN MATEO, el Derecho Ambiental es aquel sistema orgánico de normas que protege o tutela los sistemas naturales que hacen posible la vida, es decir, principalmente, el aire, el agua y el suelo, y siendo su finalidad prevenir y subsanar las perturbaciones que alteran los equilibrios naturales producidas por los seres humanos y sus actividades, individuales y colectivas; lo cual se lleva a cabo mediante la regulación de estas actividades humanas y sus consecuencias. Este conjunto de normas que constituye el Derecho Ambiental regula las diferentes conductas humanas que deterioran el medio ambiente para prevenirlas, reprimirlas o para obligar a repararlas. *Cfr.* MARTÍN MATEO, R., *Derecho Ambiental*, Editorial Instituto de Estudios de la Administración Local, Madrid, 1977.

34. Urge analizar los problemas que conlleva, las posibilidades que ofrece otro tratamiento jurídico posible para dar valor (contratos verdes, custodia del territorio, Bancos Medioambientales) al mundo rural, y la discriminación jurídico-positiva en favor de ese medio y de las personas que han elegido una vida en tal entorno. Un estudio pormenorizado de esta cuestión puede verse en la última obra colectiva del Área de Derecho Administrativo de la Universidad de Salamanca. *Cfr.* FERNANDO PABLO, M.M. y DOMÍNGUEZ ÁLVAREZ,

Finalmente, a la hora de analizar las circunstancias que poseen una incidencia significativa en el incremento paulatino de la despoblación en el medio rural, no podemos olvidarnos del importante papel que desempeña la Unión Europea en la cuestión que nos ocupa. Si bien es cierto que la Unión Europea ha llevado a cabo una extraordinaria apuesta por potenciar el medio rural a través de la adopción de la distinguida Política Agrícola Común (PAC), llegando incluso a invertir un tercio del presupuesto comunitario total, se puede percibir con meridiana claridad la ausencia de políticas específicas alternativas que contribuyan a potenciar el asentamiento de población en el medio rural. Por ello, conviene que la Unión Europea tome conciencia de la necesidad de desarrollar con urgencia y de forma coordinada nuevas actuaciones concretas que permitan poner freno a la despoblación, para lo cual es necesario replantear incluso la concepción actual de la Política Europea de Desarrollo Rural y la Política Agrícola Común[35], vinculando la misma de forma directa con la fijación de población en el medio rural, algo que en la actualidad no se produce, ya que beneficia a las grandes empresas en detrimento de las pequeñas y medianas explotaciones agrícolas y ganaderas, las cuales se convierten en agentes fundamentales para llevar a cabo el asentamiento de población efectiva en el medio rural.

3. Análisis concreto de la casuística castellano-leonesa: la institucionalización del abandono del medio rural y la llegada de un «invierno demográfico» permanente

Como es sobradamente conocido, con sus 94.225 km² Castilla y León representa la mayor comunidad autónoma de España en términos de superficie. Su orografía múltiple y distinta da origen a una variedad de climas, paisajes y paisanajes tremendamente diversos y de gran valor medioambiental[36]. El territorio castellano y leonés se organiza en 9 provincias y solo hay

---

J.L. (Dirs.), *Rural Renaissance: Derecho y Medio Rural,* Thomson Reuters-Aranzadi, Cizur Menor, 2020.

35. La génesis, evolución y consolidación de las políticas públicas de desarrollo rural sostenible será objeto de un análisis pormenorizado en el segundo capítulo de la obra que ahora tiene entre sus manos.

36. La Red de Espacios Naturales de Castilla y León (REN) está compuesta por 33 espacios naturales protegidos que destacan por sus valores ecológicos, geológicos y paisajísticos, y suman 820.000 hectáreas declaradas: 2 parques nacionales, 2 parques regionales, 14 parques naturales, 5 reservas naturales, 8 monumentos naturales y 2 paisajes protegidos. Esta forma de conservar la naturaleza integrando todo el territorio, de manera que los espacios naturales no sean zonas aisladas, enlaza y relaciona la REN con Natura 2000, la red de espacios protegidos de la Unión Europea figura de protección ambiental que está presente en el 26,4 % de la superficie total de la región.

una entidad local supramunicipal distinta de las provincias: la Comarca de El Bierzo, creada en 1991 y regulada por medio de la Ley 17/2010, de 20 de diciembre, de modificación de la Ley 1/1991, de 14 de marzo, por la que se crea y regula la Comarca de El Bierzo[37].

Castilla y León se caracteriza no solamente por ser la comunidad autónoma que posee un mayor número de provincias y la que, por su extensión y posición, con más regiones limita: 9 españolas y 2 portuguesas. Lo verdaderamente destacable y lo que mayor número de quebraderos de cabeza genera a nivel institucional y administrativo, especialmente en lo que atañe a la correcta prestación de servicios públicos esenciales, es su dispersión poblacional[38]. En efecto, pese a su enorme extensión geográfica (18,6 % del territorio nacional) su población únicamente es de 2.375.969 habitantes[39], que se distribuyen en 2.248 municipios (más de un cuarto de la totalidad nacional) y 6.175 entidades singulares agrupadas en municipios de pequeño tamaño, por encima de cualquier otra Comunidad Autónomas de España[40].

En esta compleja estructura territorial de Castilla León son predominantes los 2.113 municipios (un 94 % sobre el total de 2.248) que tienen menos de 2.000 habitantes. Este conjunto supone el 87 % de la superficie regional, y, aunque sólo albergue el 25,4 % de la población, contiene el 36,4 % de las viviendas, y, lo que es más relevante, ha acogido un 41,3 % de la variación en la ocupación de suelo experimentada en la región entre 1987 y 2006[41]. En

---

37. *Vid.* QUINTANA LÓPEZ, T., «Las comarcas en Castilla y León: la comarca del Bierzo», en *Revista Aragonesa de Administración Pública*, núm. 3, 1993, p. 140.

38. Aunque Castilla y León es la sexta comunidad autónoma de España en cuanto a volumen de población es la que menor densidad de población presenta. En efecto, su gran extensión hace que mantenga una baja densidad (25,28 hab./km²; 11,34 hab./km² en el ámbito rural de los municipios con menos de 10.000 habitantes) si la comparamos con la densidad de población de España (95,26 hab/km² en 2022) y la del resto de las comunidades autónomas.

39. Las cifras de población referidas a 1 de enero de 2023 son resultantes de la revisión del Padrón municipal y declaradas oficiales por el Gobierno mediante el Real Decreto 1085/2023, de 5 de diciembre (BOE n.º 306 de 23 de diciembre de 2023).

40. Para conocer el estado actual y las diferentes entidades locales de Castilla y León (recogidas en la Ley 1/1998, de 4 de junio de Régimen Local de Castilla y León), se crea, en virtud del Decreto 215/2000, de 19 de octubre, el Registro de Entidades Locales de la Comunidad de Castilla y León, donde se encuentran la relación de entidades actualizadas, tanto de provincias, municipios, mancomunidades, comarcas y entidades locales menores. El citado registro nos arroja los siguientes datos: en Castilla y León existen 2.248 municipios, 244 mancomunidades, 1 comarca y 9 provincias, a lo que se suma, sin aparecer en dicho listado, 2.209 EATIM (Entidad de ámbito territorial inferior al municipio, aunque el Consejo de Cuentas ofrece el dato de 2.227 Entidades Locales Menores) y 13 entidades históricas, todo ello en una extensión territorial de 99.224 km2 y una población total de 2.557.330 habitantes (densidad poblacional de 27,14 hab./km2). Disponible en: https://bit.ly/2ZwRf9q

41. *Vid.* DE SANTIAGO RODRÍGUEZ, E. y GONZÁLEZ GARCÍA, I., «El estudio del planeamiento urba-

Castilla y León nos encontramos con más de la cuarta parte de los municipios totales de nuestro país, más del 80 % de los mismos tiene una extensión inferior a la media de los municipios a nivel estatal (62 km^2) y, además, prácticamente ⅔ de los mismos tiene una densidad poblacional inferior a 9 hab./ km^2. Así mismo, el 97 % de los municipios cuenta con una población inferior a 5.000 habitantes[42]. Por otra parte, existen 5.913 asentamientos o entidades de población, bien se trate de pueblos, aldeas, barrios o grupos de casas.

Mapa 1. Límites municipales de Castilla y León

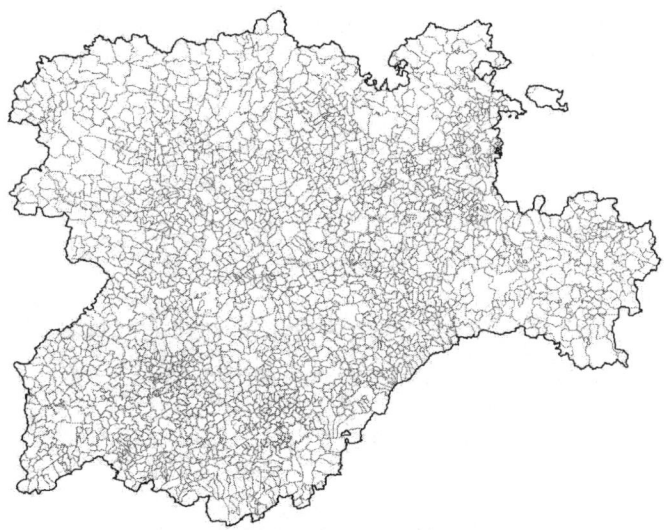

Fuente: Visor de Infraestructura de Datos Espaciales de Castilla y León (IDECyL). Disponible en: https://bit.ly/2ZyrtBP

Por consiguiente, desde el punto de vista normativo-territorial, el resultado es que la gran parte del territorio de la Comunidad está sujeto al régimen propio de los municipios de menos de 5.000 habitantes que se compone, entre otros, de los siguientes elementos: (i) la prestación de servicios mínimos (alumbrado público, cementerio, recogida de residuos, limpieza viaria, abastecimiento domiciliario de agua potable, alcantarillado, acceso a los núcleos de población y pavimentación de las vías públicas; (ii) la coordinación, en su caso, de los mismos por la Diputación provincial; (iii) más un tratamiento

---

nístico municipal en España: Análisis de los instrumentos vigentes y de los municipios sin planeamiento», en *Cuadernos de Investigación Urbanística*, núm. 127, 2019, p. 40.

42. *Cfr.* MINISTERIO DE POLÍTICA TERRITORIAL, *Estudio de los datos contenidos en el Registro de Entidades Locales de Castilla y León*, Madrid, 2009.

simplificado de su contabilidad, contratación y personal, en el que cobra especial relevancia la agrupación de las plazas de Secretaría-Intervención[43].

Más allá de la problemática propia que plantea esta «colmena municipal», la cual en muchas ocasiones se ha abandonado a su suerte por parte de la Administración autonómica, en lugar de emplear la Administración local como el instrumento idóneo para catalizar las políticas públicas y medidas institucionales frente al reto demográfico y territorial, también plantea importantes desafíos la controvertida fórmula seleccionada por la Junta de Castilla y León para ordenar y organizar la prestación de servicios a lo largo y ancho de la región, especialmente en lo que atañe a la educación y la sanidad rural.

En este sentido, conviene reseñar que la Ley 7/2013, de 27 de septiembre, de Ordenación, Servicios y Gobierno del Territorio de Castilla y León[44] es el instrumento normativo que configura el modelo de ordenación del territorio, que se establece a través de las Unidades Básicas de Ordenación y Servicios del Territorio[45] (UBOST), las Áreas funcionales[46] (AFE) y las Mancomunidades de Interés General[47] (MIG). A esta estructura se suman las áreas funcionales estratégicas, con un carácter funcional coyuntural[48]. Pese a la edificación de

---

43. A este respecto, recuérdese que el propio art. 77.b) y c) de la Ley 1/1998, de 4 de junio, de Régimen Local de Castilla y León prevé la aprobación por parte de la Junta de Castilla y León de un Reglamento Orgánico para los municipios de población inferior a 5.000 habitantes que regirá en defecto del aprobado por cada municipio, así como la posibilidad de utilizar actas tipo y modelos tipo en esta clase de municipios.

44. *Vid.* GONZALO MIGUEL, C.M., «Ley 7/2013, de 27 de septiembre, de Ordenación, Servicios y Gobierno del Territorio de la Comunidad de Castilla y León (BOCyL núm. 189, de 1 de octubre de 2013)», en *Actualidad Jurídica Ambiental,* núm. 29, 2013, p. 112.

45. De conformidad con el art. 3 de la citada Ley, las unidades básicas de ordenación y servicios del territorio son espacios funcionales delimitados geográficamente, que constituyen la referencia espacial y el parámetro básico para el desarrollo de la ordenación del territorio de Castilla y León. Su delimitación se establecerá en un mapa de ordenación territorial, pudiendo ser de carácter rural o urbano. Actualmente, la Junta de Castilla y León contempla 15 UBOST urbanas y 177 UBOST rurales.

46. Las áreas funcionales son espacios delimitados geográficamente para el desarrollo de la ordenación del territorio de Castilla y León y la aplicación de sus instrumentos y herramientas de planificación y gestión. Las mismas pueden ser estables, que perdurarán en el tiempo, o estratégicas, que tendrán una duración determinada (art. 7).

47. Las mancomunidades aparecen reguladas en los arts. 29 a 41 de la Ley 1/1998, de 4 de junio de Régimen Local de Castilla y León y en los arts. 32 a 51 de la Ley 7/2013, de 27 de septiembre de Ordenación, Servicios y Gobierno del Territorio de la Comunidad de Castilla y León. Así mismo, el Decreto 30/2015, de 30 de abril, aprueba el Reglamento de Organización y Funcionamiento de las Mancomunidades de Interés General configura a las mismas como un ente de concentración de la prestación y/o realización de determinados servicios y obras. El ámbito competencial más común es la recogida de residuos sólidos urbanos, el abastecimiento de agua y la prevención y extinción de incendios. Solo en determinadas provincias (León, Soria y Valladolid) la capital aparece asociada a alguna Mancomunidad.

48. En junio de 2021 se remitió a las Cortes de Castilla y León el Proyecto de Ley por el que se modifica la Ley 7/2013 de Ordenación de Servicios y Gobierno del Territorio de Castilla y

toda esta superestructura[49], la prestación de los servicios autonómicos en el territorio castellanoleonés sigue estando lejos de los estándares que serían adecuados para preservar la dignidad y el bienestar de las comunidades rurales[50], requerimiento indispensable para hacer frente al reto demográfico y territorial.

En este punto, conviene señalar que la problemática de la despoblación y el abandono rural «tiene tintes singularmente graves en buena parte de Castilla y León, en Asturias y, de forma algo menos acusada, en las dos provincias gallegas y en Teruel»[51]. Así las cosas, «la Comunidad Autónoma de Castilla y León es la segunda región, tras el Principado de Asturias, que más población ha perdido desde comienzos del siglo XXI en un panorama nacional de

---

León, (Proyecto de Ley PL/000009-01, BOCL, núm. 271, de 29 de julio 2021) que pretende una «integración funcional» de los municipios, y fortalecer los municipios rurales, «partiendo del reconocimiento de las actuales entidades locales asociativas tradicionales... si bien, se ha configurado a la mancomunidad de interés general como una decidida herramienta útil para los municipios, para lograr una adecuada vertebración del territorio». Se diferencia ahora claramente entre las mancomunidades de interés general rurales y urbanas, si bien, respecto de las primeras «se ha procedido a simplificar la configuración de la cartera de competencias y funciones de las mancomunidades... estableciendo un mínimo de competencias y funciones como base a un conjunto de prestaciones comunes en todos los territorios donde se constituyan».

49. Conforme a los datos que obran en poder del Instituto Universitario de Urbanística de la Universidad de Valladolid sobre la organización espacial de la prestación de servicios públicos en el territorio, en Castilla y León existen: 190 zonas de centros de asistencia social dependientes de las diputaciones; 247 zonas básicas de salud; 864 municipios con farmacia; 59 comarcas agrarias; 44 zonas LEADER; 41 partidos judiciales; 31 secciones de medio ambiente; y 1300 colegios públicos. A su vez, existen 36 localidades que reúnen a la vez servicios financieros, Instituto, Centro de Salud y Farmacia. De ellas, 10 son municipios con más de 5.000 habitantes; 13 lo harían en torno a municipios entre 2.000 y 5.000 habitantes y las restantes alrededor de municipios con menos de 2.000 habitantes.

50. Esta opinión no es única y exclusiva de los autores. A este respecto, Consejo Económico y Social de Castilla y León, *Situación Económica y Social de Castilla y León 2023,* Valladolid, 2024, pp. 25 y 68 afirma que «se debe garantizar el acceso de toda la ciudadanía de la Comunidad a los servicios públicos en condiciones de igualdad con independencia de su residencia, estableciendo ayudas para la recepción de servicios esenciales y las bonificaciones o ayudas equivalentes para el acceso de los habitantes del medio rural a los servicios y actividades de los que carezcan en su municipio de residencia [...] es necesario seguir promoviendo actuaciones, con la financiación adecuada, que tengan como objetivo la consideración del medio rural como lugar de oportunidades, para lo que se debe fomentar el conocimiento del territorio, atrayendo tanto nuevos talentos como nuevas inversiones al entorno rural. Además, para ello, [...] es necesario aprovechar las oportunidades que ofrecen las nuevas tecnologías en el medio rural, para lo que es imprescindible eliminar las barreras tecnológicas, garantizando la comunicación en todas las zonas, especialmente en las aisladas. Para conseguir este objetivo el CES considera imprescindible adecuar e implementar la cartera de servicios públicos en los que apoyar las oportunidades en el medio rural (sanidad, educación, transporte, comercio, etc.)».

51. *Vid.* Bandrés Moliné, E. y Azón Puértolas, V., «La España despoblada: tendencias recientes», en *Economistas,* núm. 181, 2023, p. 272.

ganancia de habitantes. A escala provincial, excepto Segovia y Valladolid, todas han padecido la caída demográfica e, incluso, varias se sitúan en los primeros lugares del ranking con mayor porcentaje de retroceso del padrón: Zamora, Palencia y León»[52].

Ciertamente, como insisten en señalar numerosos estudios geográficos y demográficos[53], en el caso concreto de Castilla y León el drama de la sangría poblacional no solamente se circunscribe al ámbito rural. Comienzan a hacerse visibles y plenamente palpables los efectos de una «segunda oleada de la despoblación»[54], la protagonizada por aquellos jóvenes sobrecualificados que ante la falta de oportunidades de futuro se ven expulsados de las cabeceras de comarca y capitales de provincia hacia las grandes urbes, viéndose obligados a abandonar sus raíces ante la inacción institucional que impera en estos territorios y forzados a habitar en grandes megalópolis, donde las condiciones y la calidad de vida son más una quimera que una aspiración plausible para un número creciente de personas.

Esta perniciosa tendencia, que trasciende los tradicionales cálculos vinculados a la natalidad, la mortalidad o la tasa del sobreenvejecimiento[55], es la consecuencia lógica de la inacción y pasividad institucional que ha caracte-

---

52. *Vid.* HORTELANO MÍNGUEZ, L.A., «Prestación y garantía de los servicios de proximidad con un carácter social en el medio rural de Castilla y León: medida imprescindible frente al reto demográfico», en Fernando Pablo, M.M. y Domínguez Álvarez, J.L. (Dirs.), Rural Renaissance: normas, territorio y conflicto, Colex, A Coruña, 2024, p. 249.

53. En opinión de BANDRÉS MOLINÉ, E. y AZÓN PUÉRTOLAS, V., *La despoblación de la España interior,* Funcas, Madrid, 2021, p. 12; «la que podría llamarse la España despoblada estaría así formada por las provincias que cumplen conjuntamente los dos criterios siguientes: tener una tasa de crecimiento demográfico negativa entre 1950 y 2019, y contar en este último año con una densidad de población inferior a la media nacional, excluyendo del cómputo en ambos casos las capitales de provincia y las ciudades de más de 50.000 habitantes. Bajo esta aproximación, las provincias en las que existen territorios susceptibles de ser considerados como áreas despobladas son 23: las 9 provincias de Castilla y León (Ávila, Burgos, León, Palencia, Salamanca, Segovia, Soria, Valladolid y Zamora), las 3 de Aragón (Huesca, Teruel y Zaragoza), 4 de Castilla-La Mancha (Albacete, Ciudad Real, Cuenca y Guadalajara), las 2 de Extremadura (Cáceres y Badajoz), 2 gallegas (Lugo y Ourense), 2 andaluzas (Córdoba y Jaén) y La Rioja».

54. *Vid.* GONZÁLEZ-LEONARDO, M. y LÓPEZ-GAY, A., «Del éxodo rural al éxodo interurbano de titulados universitarios: la segunda ola de la despoblación», en *Ager. Revista de Estudios sobre Despoblación y Desarrollo Rural,* núm. 31, 2021, p. 7.

55. En Castilla y León se estima que, en los próximos 15 años, se producirá un crecimiento de población en el grupo de edad de mayores de 64 años (22,75 %), mientras que se prevé un decrecimiento tanto en el grupo de edad de menores de 16 años (-30,00 %) como en el de 16 a 64 años (-19,35 %). Actualmente, 1 de cada 4 personas tiene más 65 años y en la inmensa mayoría de los municipios hay más ancianos que jóvenes incluso hay un numeroso grupo de ellos en los que no hay ningún joven, municipios rurales repartidos aleatoriamente por la mayoría de las provincias. Las capitales provinciales y algunos otros municipios del entorno de las mismas son los que mantienen valores más positivos, mientras que el resto de la región presenta cifras muy negativas, incluso en muchos municipios hay más de 10 mayores de 65 años por cada menor de 15.

rizado a la Junta de Castilla y León desde principios del siglo XXI en materia de reto demográfico y territorial. Sin embargo, con la finalidad de ser justos y ecuánimes, conviene precisar en este punto que Castilla y León se ha caracterizado por ser uno de los territorios pioneros en el desarrollo de instrumentos y diseño de políticas públicas para hacer frente al fenómeno de la despoblación, como atestiguan:

- La adopción de la Estrategia de Lucha contra la Despoblación (2005)
- La creación del Observatorio Permanente de Estudio de la Evolución de la Población en Castilla y León (2006)
- La Agenda para la población de Castilla y León 2010-2020 (2010)
- La creación del Consejo para la Población de Castilla y León (2010)
- El impulso de la Ley 7/2013 de 27 de septiembre, de Ordenación, Servicios y Gobierno del Territorio de la Comunidad
- La creación del Consejo de Políticas Demográficas (2015)
- La creación del Consejo de Dinamización Demográfica (2022)

El problema estriba en que todas estas medidas han tenido escasos o nulos resultados[56], algo que debería hacer repensar las formas de intervención administrativa para hacer frente al reto demográfico y territorial, al tiempo que debería reducir las expectativas de aquellos académicos que realizan una ferviente y desmedida defensa de la actividad de planificación de la Administración pública, como si el simple hecho de adoptar una estrategia, plan o programa contra la despoblación fuera la solución a todos los problemas de las comunidades rurales y de aquellos otros territorios que afrontan desafíos demográficos. Por desgracia para estos últimos, la siempre caprichosa y tozuda realidad, como atestigua la pésima experiencia castellano y leonesa, demuestra que de nada sirve la actividad de planificación de las Administraciones públicas sin realizar las transformaciones normativas perti-

---

56. Esta idea no es solamente una crítica académica fundada en la experiencia propia del estudio de esta cuestión. Este mismo reproche ha sido realizado, entre otros, por algunas de las Instituciones propias de Castilla y León. En este sentido, el Consejo de Cuentas de Castilla y León señala a propósito de la Agenda para la Población de Castilla y León 2010-2020 que «las medidas que se plantean, una vez establecida la falta de definición del problema, y teniendo en cuenta la naturaleza del documento, son de carácter programático, no concreto. En todo caso, se considera que existe una falta de coherencia cuando se habla de la falta de natalidad y no se apoya precisamente medidas para su fomento. Además, se habla de falta de trabajo para jóvenes, y al mismo tiempo de falta de mano de obra cualificada y simultáneamente de aumento de la inmigración [...] no se establece un sistema de evaluación, pero en el punto 10 de sus consideraciones generales plantea que es necesario efectuar unas reevaluaciones objetivas, pormenorizadas y exhaustivas de numerosos programas y políticas establecidos en el ámbito económico, social y político, que deberán incorporar una perspectiva a largo plazo». *Vid.* CONSEJO DE CUENTAS DE CASTILLA Y LEÓN, *Fiscalización de la aplicación de las medidas aprobadas por las Cortes de Castilla y León en materia de despoblación en las entidades locales de Castilla y León*, Valladolid, 2019, p. 23.

nentes[57], las modificaciones en términos financieros y presupuestarios necesarias y sin el compromiso real y tangible de los poderes públicos, el cual por suerte se vislumbra en la entrega y vocación de los servidores públicos que destinan cantidades ingentes de esfuerzo para hacer de la cuestión rural una prioridad en la hoja de ruta de la Administración pública, en sus diferentes niveles.

---

57. Pues entre nosotros seguiremos defendiendo que la problemática de la despoblación y el reto demográfico constituye «[u]n problema de personas; un problema de territorios; un problema, en primer lugar, jurídico, pues a ese campo pertenece la regulación de las relaciones no solo entre personas, sino también entre poderes públicos y ciudadanos, y entre personas y medio»». *Vid.* FERNANDO PABLO, M.M. «Devolver el alma a los pueblos: el encuentro Rural Renaissance», en *Ars Iuris Salmanticensis,* vol. 7, núm. 2, 2019, p. 12.

CAPÍTULO II

¿QUÉ SE ESTÁ HACIENDO PARA COMBATIR EL RETO DEMOGRÁFICO Y TERRITORIAL? ¿CUÁL ES EL PROTAGONISMO DE LA ESCUELA RURAL?

1. Desempolvando algunos instrumentos normativos olvidados, pero plenamente vigentes: breve análisis de las referencias a la escuela rural

En las últimas décadas, buena parte de los países desarrollados de nuestro entorno más próximo se han visto obligados a poner en marcha políticas específicas de desarrollo rural sostenible para mejorar la situación de sus zonas rurales[58]. Esta tendencia se observa con claridad en los principales paí-

---

58. Como insisten en subrayar destacados expertos «[p]or primera vez en 2015, el número de muertes en la Unión europea fue superior al de los nacimientos (5,222 millones frente a 5,108 millones). Este balance natural negativo caracteriza una situación de despoblación. En 2016, una ligera disminución del número de muertes permitió un saldo natural muy ligeramente positivo (+ 20 000). Pero en 2017 la combinación del aumento del número de fallecimientos en relación al año precedente y una caída en los nacimientos resultó en un déficit natural y una nueva despoblación de -191.000 personas. Este déficit relacionado con el tamaño de la población europea permite calcular la tasa de aumento natural: en 2017 fue de -0,4 por mil. Teniendo en cuenta, por un lado, la disminución del número de mujeres en edad de procrear y, por otro, el envejecimiento de la población es muy probable que la despoblación continúe a menos que haya un aumento significativo de la fecundidad en los próximos años. En cambio, la Unión europea no experimenta despoblamiento y, por tanto, disminución de su población, incluso en 2015 y 2017. De hecho, durante estos dos años, su saldo migratorio se mantuvo suficientemente positivo como para compensar el efecto negativo de la despoblación». *Vid.* DUMONT, G-F., «¿Despoblación o despoblamiento en la Unión europea?», en *Population & Avenir,* núm. 743, 2019, p. 3

ses europeos[59], y en la propia Unión Europea, donde las medidas de política rural han venido constituyendo una parte muy significativa de la Política de Cohesión y de la Política Agraria Común.

Nuestro país no ha sido ajeno a este contexto marcado por la despoblación, el envejecimiento[60] y el abandono del medio rural, lo que ha dado lugar ‒al igual que en otros países, aunque con menores cotas de esfuerzo y éxito‒ al desarrollo de actuaciones encaminadas a impulsar la mejora y fortalecimiento del medio rural. De esta forma, el 13 de diciembre de 2007, se produjo la promulgación de la Ley 45/2007, para el desarrollo sostenible del medio rural (LDSMR), con el objeto de regular y establecer medidas encaminadas a favorecer el desarrollo rural sostenible como mecanismo idóneo para contrarrestar las crecientes diferencias territoriales y garantizar la igualdad del conjunto de la ciudadanía española[61].

Entre los objetivos principales que se pretendían alcanzar con esta Ley, mesurada pero carente del desarrollo presupuestario suficiente lo que ha terminado por convertirla en imperceptible para el medio rural, podemos destacar el sustento y la progresiva ampliación de la base económica del medio rural, el mantenimiento y la mejora de la situación demográfica de las áreas rurales mediante el incremento del bienestar y la calidad de vida de la

---

59. En Francia existen zonas denominadas *«Zones de revitalisation rurale»,* que se caracterizan por sufrir una pérdida aguda de población activa y tener una fuerte proporción de empleos agrícolas. En Portugal cuentan con el Programa Nacional de la Política de Ordenación del Territorio (PNPOT) como instrumento superior del sistema de gestión territorial, que se constituye como el marco de referencia para los demás programas y planes territoriales y como un instrumento orientador de las estrategias con incidencia territorial. En él se detallan los objetivos que se pretenden conseguir en distintas áreas: Natural, Social, Económica, de Conectividad y de Gobernanza Territorial. En el Reino Unido existen, desde abril de 2012, unas zonas llamadas *«Enterprise Zones»,* en las que las empresas que se establezcan allí disfrutan de una serie de ventajas fiscales. Y, en Irlanda para luchar contra la despoblación y ayudar al desarrollo económico de zonas en peligro, existe desde 1998 un Plan de Impuestos de Renovación Rural, *«Rural Renewal Tax Scheme»* y un Plan de Renovación de la Ciudad, *«Town Renewal Scheme».*

60. El Banco Mundial (2017) informa de una pérdida de población rural anual en España del 1 %.

61. Conviene recordar que «la ley persigue el mantenimiento de la población rural y la mejora de la calidad de vida y renta de sus habitantes, dando una atención preferente a las mujeres y los jóvenes. [...] Las acciones y medidas previstas en la Ley son multisectoriales y medioambientales, reconociendo la multifuncionalidad del medio rural. Para la aplicación de esta Ley se requiere un elevado grado de gobernanza, para ello se establecen instrumentos de programación y colaboración entre Administraciones, principalmente un Programa de Desarrollo Rural Sostenible plurianual, y se promueve e incentiva la participación del sector privado en el proceso de desarrollo rural sostenible. La Ley permite establecer políticas de carácter horizontal en Desarrollo Rural en materias como educación, cultura, sanidad, vivienda, transportes, comunicación entre territorios y seguridad en el medio rural entre otras». *Vid.* TOLÓN BECERRA, A., «Evolución del desarrollo rural en Europa y en España. Las Áreas rurales de metodología LEADER», en *M+ A, Revista Electrónic@ de Medioambiente,* núm. 4, 2007, pp. 39-40.

ciudadanía, o el impulso de la conservación y recuperación del patrimonio, los recursos naturales y culturales de las zonas rurales.

Además de estos objetivos generales, la LDSMR establece en su art. 2.2 una serie de objetivos concretos o particulares que deben orientar en todo momento las políticas desarrolladas por las diferentes Administraciones públicas, objetivos entre los que podemos destacar los siguientes:

(a) Fomentar una actividad económica continuada y diversificada en el medio rural, manteniendo un sector agrícola, ganadero, forestal y derivado de la pesca e impulsando la creación y el mantenimiento del empleo y renta en otros sectores, preferentemente en las zonas rurales consideradas prioritarias.

(b) Dotar al medio rural, y en particular a sus núcleos de población, de las infraestructuras y los equipamientos públicos básicos necesarios, en especial en materia de transportes, energía, agua y telecomunicaciones[62].

(c) Potenciar la prestación de unos servicios públicos básicos de calidad, adecuados a las características específicas del medio rural, en particular en los ámbitos de la educación, la sanidad y la seguridad ciudadana[63].

En este sentido, el art. 28 LDSMR es claro al señalar que, para intensificar la prestación de una educación pública de calidad, se podrán articular todas aquellas medidas que tengan por objeto:

- El mantenimiento de una adecuada escolarización en los municipios rurales, mediante programas de extensión de la escolarización infantil, de mejora de los resultados educativos de la enseñanza obligatoria, y de fomento del acceso a niveles educativos superiores, prestando una atención preferente a los alumnos de zonas rurales prioritarias y a los inmigrantes.

- Atención a la diversidad del alumnado y, en particular, a los alumnos con necesidades educativas especiales y con discapacidad.

---

62. En torno a esta cuestión, *vid.* DOMÍNGUEZ ÁLVAREZ, J.L., «Internet y nuevas tecnologías como punta de lanza para la revitalización de territorios rurales despoblados: La necesaria reconstrucción de la idea de servicio público», en *Revista Digital de Derecho Administrativo*, núm. 26, 2021, pp. 91-124.

63. Como se desprende de la propia exposición de motivos del texto legal, «[l]as medidas relativas al acceso de la población rural a unos servicios públicos básicos de calidad contemplan la educación y la cultura, a través de la atención específica a una gran variedad de aspectos en relación con los alumnos y los centros, pero también con el mantenimiento de unos equipamientos y una oferta cultural suficientes. De modo complementario, las medidas sanitarias requieren una adaptación del sistema público de salud a las necesidades del medio rural, completando las infraestructuras sanitarias, manteniendo y mejorando los equipamientos, y garantizando el acceso a una atención sanitaria especializada de calidad en todo tipo de zonas rurales».

- La mejora y ampliación del equipamiento de los centros públicos educativos, para atender adecuadamente a los alumnos de la enseñanza reglada, especialmente en los municipios rurales de pequeño tamaño, y facilitar su utilización para actividades culturales, educativas y sociales por el conjunto de la población.

- La potenciación de la formación profesional de los jóvenes y las mujeres, mediante programas adecuados de formación reglada complementados con formación ocupacional, especialmente en nuevas tecnologías y en técnicas de empleo deslocalizado, y con prácticas incentivadas en empresas del medio rural.

- El fomento de la práctica deportiva, mejorando las infraestructuras deportivas, especialmente en las zonas rurales prioritarias, ordenando los espacios de actividad deportiva en el medio natural y favoreciendo la integración de estas actividades con el turismo rural.

(d) Tomar en consideración las necesidades particulares de los ciudadanos del medio rural en la definición y aplicación de las políticas y medidas de protección social, adecuando los programas de atención social con el fin de garantizar su efectividad en dicho medio.

(e) Lograr un alto nivel de calidad ambiental en el medio rural, previniendo el deterioro del patrimonio natural, del paisaje y de la biodiversidad, o facilitando su recuperación, mediante la ordenación integrada del uso del territorio para diferentes actividades, la mejora de la planificación y de la gestión de los recursos naturales y la reducción de la contaminación en las zonas rurales[64].

(f) Facilitar el acceso a la vivienda en el medio rural, y favorecer una ordenación territorial y un urbanismo adaptados a sus condiciones específicas, que garantice las condiciones básicas de accesibilidad, que atiendan a la conservación y rehabilitación del patrimonio construido, persigan un desarrollo sostenible y respeten el medio ambiente.

---

64. La vinculación entre los conceptos «protección ambiental» y «desarrollo rural» goza ya de bastante antigüedad. Buena muestra de ello la encontramos en la Conferencia de la Unesco de 1968, desde que el innovador diseño de la Reserva de la Biosfera, en el contexto del Programa Medio Ambiente y Biosfera (MAB), la erigió en la primera figura comprometida en asociar la protección de áreas naturales con el desarrollo socioeconómico de las mismas. *Vid.* FERNÁNDEZ DE GATTA SÁNCHEZ, D., *Sistema jurídico-administrativo de protección del medio ambiente,* Ratio Legis, 9.ª edición, Salamanca, 2020, p. 46.
Desde entonces todos los grandes foros internacionales centrados en la conservación de la naturaleza han apostado por aproximar ambos extremos y, en buena medida, la acelerada declaración de nuevos espacios protegidos ha obedecido a la voluntad de plasmar territorial- mente esta nueva y necesaria orientación. *Vid.* MULERO MENDIGORRI, A., y GARZÓN GARCÍA, R., «Espacios naturales protegidos y desarrollo rural en España: los Planes de Desarrollo Sostenible», en *Ería, Revista de Geografía,* núm. 68, 2005, pp. 315-330

(g) Fomentar la participación pública en la elaboración, implementación y seguimiento de los programas de desarrollo rural sostenible a través de políticas de concienciación, capacitación, participación y acceso a la información.

(h) Garantizar el derecho a que los servicios en el medio rural sean accesibles a las personas con discapacidad y las personas mayores.

Dicho esto, huelga decir, que la norma objeto de estudio, pese a su ambicioso contenido, va más allá de la mera declaración de intenciones, articulando mecanismos concretos para orientar y planificar las actuaciones desarrolladas por las Administraciones públicas a la hora de promocionar e impulsar el desarrollo del medio rural[65]. Así, el art. 5 LDSMR introduce por vez primera los programas de desarrollo rural sostenible en nuestro país, configurando los mismos como instrumentos imprescindibles para la planificación de la acción desarrollada por la Administración General del Estado en relación con el medio rural, elaborados en coordinación con las Comunidades Autónomas y con un marcado carácter plurianual.

De esta forma, el Programa de Desarrollo Rural Sostenible[66] se convierte en un instrumento de aplicación en los términos municipales del medio rural que estén integrados en las zonas rurales delimitadas y calificadas por las Comunidades Autónomas como:

– Zonas rurales a revitalizar: aquellas con escasa densidad de población, elevada significación de la actividad agraria, bajos niveles de renta y un importante aislamiento geográfico o dificultades de vertebración territorial.

– Zonas rurales intermedias: aquellas de baja o media densidad de población, con un empleo diversificado entre el sector primario, secundario y terciario, bajos o medios niveles de renta y distantes del área directa de influencia de los grandes núcleos urbanos.

– Zonas rurales periurbanas: aquellas de población creciente, con predominio del empleo en el sector terciario, niveles medios o altos de renta y situadas en el entorno de las áreas urbanas o áreas densamente pobladas.

---

65. Como recuerda González Regidor, la aprobación de la Ley 45/2007, de 13 de diciembre, para el desarrollo sostenible del medio rural, viene a llenar un vacío legislativo que nos permite disponer de una política de rango estatal en esta materia. Vid. González Regidor, J., «Medio rural y medio ambiente: por un desarrollo rural sostenible», en Ambienta, núm. 73, 2008, p. 28.

66. Esta Ley, sin embargo, y a pesar de contar con un instrumento de aplicación, como es el Programa de Desarrollo Rural Sostenible —cuyo antecedente inmediato lo encontramos en la política europea de desarrollo rural para el periodo 2014-2020, encuadradas desde el año 2000 en el marco de la PAC—, ha carecido de una aplicación efectiva, lo que ha supuesto en última instancia el abandono del medio rural como se detallará más adelante.

Mediante el uso de este Programa de Desarrollo Rural Sostenible, y a través del fomento de la colaboración entre la Administración General del Estado y las Comunidades Autónomas, se establece un auténtico conglomerado de acciones y medidas encaminadas a mejorar el desarrollo sostenible del medio rural. Entre todas estas actuaciones podemos destacar las siguientes: apoyo a la agricultura territorial, fomento de la actividad económica en el medio rural, mediante el impulso del emprendimiento y la innovación, declaración de infraestructuras de interés general para la promoción de obras en materia de transporte, energía, agua, tratamiento de residuos y telecomunicaciones, potenciación de la conservación de la naturaleza y la gestión sostenible de los recursos naturales, impulso del acceso a las nuevas tecnologías, etc.

Finalmente, debemos señalar como otra de las principales novedades de la LDSMR, la articulación de mecanismos de colaboración y organización entre las diferentes Administraciones públicas con el objeto de maximizar la eficacia y la eficiencia de las actuaciones diseñadas para revitalizar el medio rural. Dicha colaboración se articula en torno a los siguientes órganos:

- Comisión Interministerial para el Medio Rural[67]. Órgano colegiado responsable de dirigir y coordinar la acción de los distintos departamentos ministeriales en relación con el medio rural.

- Consejo para el Medio Rural. Órgano de coordinación y cooperación entre las Administraciones públicas, para el desarrollo sostenible del medio rural, en el que se encuentran representados los diferentes niveles territoriales (Administración General del Estado, Comunidades Autónomas y Entidades Locales).

- Mesa de Asociaciones de Desarrollo Rural. Órgano de participación, información y consulta de las entidades asociativas relacionadas con el medio rural de ámbito estatal.

2. Clarificando los contornos propios de una auténtica política pública de reto demográfico y territorial: el valor de los servicios públicos esenciales

Ocho años no son pocos desde luego para hacer una valoración de los diferentes hitos encargados de conformar la política pública de reto demográfico y cohesión territorial. En efecto, desde que el Boletín Oficial del Estado reco-

---

67. *Vid.* Real Decreto 865/2008, de 23 de mayo, por el que se regula la composición, funciones y funcionamiento de la Comisión Interministerial para el Medio Rural, del Consejo para el Medio Rural y de la Mesa de Asociaciones de Desarrollo Rural, con la función de dirigir y coordinar la acción de los distintos departamentos ministeriales en relación con el medio rural y el desarrollo rural sostenible.

giera la publicación del Real Decreto 40/2017, de 27 de enero, por el que se crea el Comisionado del Gobierno frente al Reto Demográfico[68] y se regula su régimen de funcionamiento, el cual pese a experimentar una primera fase de parálisis e inacción institucional supuso después un verdadero aldabonazo para visibilizar los desequilibrios territoriales y el abandono al que los poderes públicos habían sometido a las comunidades rurales[69], se han producido

---

68. Su finalidad era proceder a la elaboración y el desarrollo de una estrategia nacional frente al reto demográfico y aquellas tareas que contribuyan a dar respuesta a la problemática del progresivo envejecimiento poblacional, del despoblamiento territorial y de los efectos de la población flotante, como resultado de la Conferencia de Presidentes celebrada con fecha 17 de enero de 2017, encuentro en el que se acordó expresamente impulsar las medidas específicas para hacer frente a los desafíos demográficos, encomendando al Gobierno de la Nación, con la colaboración de las distintas Administraciones Públicas, la elaboración de una estrategia nacional frente al reto demográfico de naturaleza global y transversal, que diseñe una respuesta conjunta y de futuro para paliar la problemática del progresivo envejecimiento poblacional, del despoblamiento territorial y de los efectos de la población flotante.

69. Como recuerda Bello Paredes, S.A., «La despoblación en España: Balance de las políticas públicas implantadas y propuestas de futuro», en Revista de Estudios de la Administración Local y Autonómica. Nueva época, núm. 19, 2023, p. 132, «en el año 2015 el Senado aprobó la Ponencia de estudio para la adopción de medidas en relación a la despoblación rural en España, constituida en el seno de la Comisión de Entidades Locales (543/000007)».
Dentro de las recomendaciones adoptadas con el voto unánime de todos los grupos parlamentarios que participaron en dicha ponencia se encuentran: (i) delimitar y diferenciar zonas o territorios escasamente poblados utilizando como criterio identificador aquellos municipios que han perdido población desde el año 1950 y tienen una densidad inferior a 10 habitantes por km^2; (ii) que por las diversas administraciones estatal, autonómica, provincial y local se establezcan las acciones políticas necesarias para garantizar la permanencia de la población en el mundo rural y especialmente de la mujer joven en estos municipios como eje vertebrador y de desarrollo demográfico en el medio rural buscando la conciliación familiar, laboral y social; (iii) conseguir para estos municipios el mayor reparto posible tanto de fondos económicos de la Administración del Estado como de la Unión Europea utilizando parámetros discriminatorios positivos que le permitan el incremento de estas ayudas en relación a los núcleos con mayor número de población; (iv) adoptar cuantas disposiciones sean necesarias para conseguir la mayor coordinación entre todas las Administraciones públicas implicadas en el mundo rural para aunar esfuerzos, acceder a los diversos programas de los fondos europeos (Plan 2014-2020 de la UE), su aplicación con la metodología LEADER y se establezcan medidas que impliquen discriminación legal positiva para generar empleo y actividad económica en el mundo rural; (v) que las Administraciones públicas asuman el compromiso de ofrecer a los habitantes de estas poblaciones los servicios básicos que garanticen su permanencia (salud, educación, ayuda a mayores, alimentación) para que sus habitantes puedan afrontar los problemas que se plantean en los territorios despoblados que son su lugar de residencia; (vi) pedir a las Administraciones local, provincial, autonómica, estatal y europea que adopten las medidas fiscales, sociales y financieras estableciendo los incentivos económicos necesarios que permitan apoyar a los emprendedores y empresas que se quieran asentar de forma permanente en estos medios rurales así como a las personas, profesionales, funcionarios y empresas que estén asentados en estos núcleos rurales y evitar así su despoblación; (vii) mejorar las comunicaciones entre

un buen número de conquistas y avances jurídico-administrativos que nos acercan a un modelo de desarrollo socio territorial más justo, igualitario y cohesionado[70].

Ciertamente, en los últimos tiempos las diferentes Administraciones públicas han destinado innumerables» esfuerzos a impulsar diferentes instrumentos de planificación de distinto rango y alcance, ya sea en forma de agendas, directrices, estrategias, informes o planes, con el propósito de articular una respuesta orquestada para hacer frente al reto demográfico y territorial en un claro intento de poner freno a la sangría poblacional y el vaciamiento progresivo que experimentan extensas regiones de la geografía peninsular. Paralelamente, aunque en menor medida, diversos territorios se han lanzado a la promulgación de leyes autonómicas de carácter sectorial proclamadas con idéntico objeto[71].

En efecto, tras una prolongada y tortuosa travesía, el reto demográfico y territorial ha terminado permeando en la hoja de ruta de los poderes públicos hasta convertirse en un elemento esencial de la acción administrativa con el propósito de paliar la tradicional situación de abandono institucional al que, hasta hace no mucho tiempo, salvo en honrosas excepciones, se había sometido a las comunidades rurales.

Ello ha sido posible, en gran parte, por la enérgica irrupción del componente demográfico y territorial en el seno de la Administración General del

---

territorios que faciliten el transporte y se cree un sistema transversal y vertebrado de comunicaciones dentro de los territorios rurales; (viii) asegurar las nuevas tecnologías de la información en los centros rurales con pleno acceso a internet y completa cobertura de la telefonía móvil como medio de fijar población; (ix) mantener el empleo y la productividad impulsando los propios recursos naturales de la población, y que permitirán activar el turismo rural, que dinamizará el sector de la hostelería y de casas rurales así como apoyar el emprendimiento ganadero (incentivando la incorporación de nuevos ganaderos), agrario, forestal, medioambiental, agroalimentario de estas zonas rurales y rehabilitación de espacios naturales como generador de recursos; y (x) buscar la mayor coordinación de todas las Administraciones e instituciones implicadas en la lucha contra la despoblación rural con el respeto a su ámbito competencial, apoyando y priorizando inversiones públicas generadoras de empleo en el mundo rural.

70. En palabras de la Federación Española de Municipios y Provincias, cuatro son «las figuras que pueden explicar los desafíos demográficos a los que hay que enfrentarse multidimensional y multisecularmente: la baja densidad; el envejecimiento, la caída de la natalidad y la pérdida continuada de la población. Los datos no hacen más que subrayar la urgencia de poner en marcha decididas políticas de Estado que pasen de las palabras a los hechos, con un riguroso planteamiento de medidas prácticas e incorporando la lucha contra la despoblación como un principio a tener en cuenta en todos los planes y líneas de acción de las administraciones públicas». *Vid. Op. cit.* Federación Española de Municipios y Provincias, *Listado de medidas…*, p. 5.

71. *Vid.* Domínguez Álvarez, J.L., «Algunos apuntes acerca de la necesidad de repensar el ordenamiento jurídico y la técnica normativa como premisas para afrontar el reto demográfico y territorial», en Revista Española de Función Consultiva, núm. 33, 2020, pp. 93-119.

Estado[72], hecho que ha propiciado una variación sustancial en el grado de sensibilidad y en la forma de percibir el fenómeno de la ruralidad, convirtiendo a las comunidades rurales en epicentro de una acción institucional coordinada y ordenada sin precedentes conocidos[73]. Así, el Consejo de Ministros aprobó, con fecha 29 de marzo de 2019, un importante Acuerdo sobre las Directrices Generales de la Estrategia Nacional frente al Reto Demográfico[74], elaboradas por el Comisionado del Gobierno frente al Reto Demográfico, adscrito al Ministerio de Política Territorial y Función Pública.

Dichas directrices plantean una Estrategia de carácter global y transversal, desde una perspectiva multidisciplinar y con la participación de todos los departamentos a través del trabajo de un grupo interministerial, incorporando la perspectiva demográfica en el análisis de las diferentes actuaciones sectoriales. Las directrices centran la Estrategia en las tres cuestiones demográficas acordadas en la IV Conferencia de Presidentes[75:] (i) despoblación; (ii) envejecimiento; y (iii) efectos de la población flotante. Asimismo, recoge un

---

72. Esta transformación radical de la atención de los intereses de las comunidades rurales por parte de los poderes públicos, y especialmente de las Administraciones públicas, se ha colmatado con el reciente nombramiento por parte del Consejo de Ministros, de D. Francesc Xavier Boya Alós, a propuesta del Ministerio para la Transición Ecológica y el Reto Demográfico (MITECO), como Secretario General para el Reto Demográfico.

73. Pese a la existencia de meritorios precedentes, tales como la adopción de la Ley 25/1982, de 30 de junio, de agricultura de montaña o la celebérrima y vigente Ley 45/2007, de 13 de diciembre, para el desarrollo sostenible del medio rural, hasta la fecha la Administración General del Estado no había procedido a delimitar los contornos de una política propia de reto demográfico y territorial.

74. Constituyen el mayor exponente de este esfuerzo institucional al plantear una Estrategia de carácter global y transversal, desde una perspectiva multidisciplinar y con la participación de todos los departamentos ministeriales, las comunidades autónomas, las ciudades con Estatuto de Autonomía y las entidades locales. El 31 de enero de 2025, la Secretaría General para el Reto Demográfico del Gobierno de España lanzaba la consulta pública previa a la elaboración de la II Estrategia Nacional frente al Reto Demográfico, documento que fijará las grandes líneas de acción que luego implementará cada uno de los niveles de la Administración en el marco de sus competencias. Un mes después, cuando se escriben estas páginas, el Ministerio para la Transición Ecológica y el Reto Demográfico ha recibido más de 190 aportaciones de asociaciones, instituciones y sociedad civil.

75. A este respecto, conviene recordar que el Presidente del Gobierno y los Presidentes de Comunidades Autónomas y Ciudades con Estatuto de Autonomía, convinieron en la VI Conferencia de Presidentes, celebrada el 17 de enero de 2017, afrontar los cambios demográficos que afectan a España, y, de forma concreta, acordaron las siguientes cuestiones: (i) impulsar medidas específicas para hacer frente a los desafíos demográficos; (ii) elaborar y desarrollar, por parte del Gobierno de España, y contando con la colaboración de las Comunidades Autónomas, las Ciudades con Estatuto de Autonomía y las Entidades Locales, una Estrategia Nacional frente al Reto Demográfico, de naturaleza global y transversal, que diseñe una respuesta conjunta y de futuro para paliar la problemática del progresivo envejecimiento poblacional, del despoblamiento territorial y de los efectos de la población flotante; y (iii) defender ante las autoridades de la Unión Europea la necesidad de que las políticas de la Unión tengan en cuenta y den respuesta a los desafíos demográficos, que en la mayoría de los aspectos son comunes a todos los Estados miembros, entre otras importantes cuestiones.

diagnóstico de las principales variables de población en España, presentado previamente a las Comunidades Autónomas.

De esta forma, todos los ministerios incorporan a las Directrices de la Estrategia más de 80 medidas, referidas a jóvenes, mujeres, atención a la población rural, emprendedores, turismo, implantación de la Administración en el territorio o actividad económica, las cuales se agrupan en torno a siete objetivos transversales: (a) garantizar una plena conectividad territorial, con una adecuada cobertura de internet de banda ancha y de telefonía móvil en todo el territorio, de acuerdo con la Agenda Digital Europea 2020; (b) asegurar una apropiada prestación de servicios básicos a toda la población en condiciones de equidad, adaptada a las características de cada territorio; (c) incorporar el impacto y la perspectiva demográfica en la elaboración de leyes, planes y programas de inversión, favoreciendo la redistribución territorial en favor de una mayor cohesión social; (d) avanzar en la simplificación normativa y administrativa para los pequeños municipios, con el fin de facilitar la gestión de los ayuntamientos; (e) eliminar los estereotipos y poner en valor la imagen y la reputación de los territorios más afectados por los riesgos demográficos; (f) mejorar los mecanismos para una mayor colaboración público-privada, potenciando la incorporación de los factores demográficos en la responsabilidad social del sector privado, para convertir todos los territorios, sin exclusiones, en escenarios de oportunidades; y (g) alinear las líneas de acción y los propósitos de la Estrategia con el cumplimiento de los Objetivos de Desarrollo Sostenible y de la Agenda 2030.

En lo que respecta a las líneas de acción prioritarias[76], las Directrices contemplan, en primer término, un conjunto de actuaciones orientadas a afrontar la despoblación de las áreas rurales, entre las que se encuentran garantizar la funcionalidad de los territorios afectados por la despoblación y la baja densidad; mejorar la competitividad y facilitar el desarrollo de nuevas actividades económicas y el fomento del emprendimiento; así como a favorecer el asentamiento y la fijación de población en el medio rural[77].

En segundo lugar, las Directrices Generales de la Estrategia Nacional frente al Reto Demográfico esbozan una serie de iniciativas prioritarias con las que se pretende dar respuesta al reto demográfico y afrontar los desequilibrios de la pirámide poblacional[78]. En este sentido, se apuesta por: (i) fortalecer la

---

76. *Vid.* DOMÍNGUEZ ÁLVAREZ, J.L., *Comunidades discriminadas y territorios rurales abandonados. Políticas públicas y Derecho administrativo frente a la despoblación*, Thomson Reuters-Aranzadi, Cizur Menor, 2021, pp. 70-73.

77. *Vid.* MINISTERIO DE POLÍTICA TERRITORIAL Y FUNCIÓN PÚBLICA, *Directrices Generales de la Estrategia Nacional frente al Reto Demográfico*, Madrid, 2019, pp. 38-41.

78. El diagnóstico general no es suficiente cuando se pretende abordar un problema de semejante dimensión histórica, por ello es preciso delimitar la intensidad del fenómeno en las distintas provincias y territorios afectados, para calibrar mejor su posición actual y ajustar el tipo de políticas que deban llevarse a cabo.

coordinación de las acciones referidas a personas mayores, envejecimiento activo y atención a la dependencia en todo el territorio; (ii) apoyar el impulso de proyectos de desarrollo socioeconómico de jóvenes, que garanticen el relevo intergeneracional; (iii) facilitar el desarrollo de proyectos que garanticen la libertad de residencia efectiva de las mujeres en el territorio; (iv) garantizar las condiciones que favorezcan la crianza de hijas e hijos, y que faciliten la equiparación de la tasa de natalidad al promedio de la Unión Europea; (v) asegurar la igualdad de oportunidades y la no discriminación de la infancia por ámbito de residencia; (vi) trabajar, en coordinación con la Unión Europea, para canalizar una migración regular y ordenada, y su arraigo en todo el territorio; (vii) así como por facilitar la vuelta de los españoles residentes en el exterior que deseen regresar a España.

En particular, el Ministerio de Educación y Formación Profesional se plantea como objetivo, por un lado, «el apoyo a las familias, favoreciendo la crianza de los hijos con medidas como la extensión de la educación infantil, y por otro, la generación de oportunidades laborales para los jóvenes y la integración de la población inmigrante, mejorando su formación. Y todo ello, prestando especial atención a los municipios de menor población y zonas rurales e insulares»[79]. Para conseguir estos objetivos se propone:

- La extensión del primer ciclo de la Educación Infantil. Si bien en el segundo ciclo de la educación infantil, la tasa de escolarización es muy elevada (96,2 %), no es así en el primer ciclo. Por ello, el Gobierno se compromete a elaborar, en colaboración con las Comunidades Autónomas, un plan de ocho años de duración para la extensión del primer ciclo infantil de manera que avance hacia una oferta suficiente con equidad y calidad y garantice su carácter educativo, otorgando un mandato al Gobierno para regular los requisitos mínimos que deben cumplir los centros que imparten el primer ciclo de esta etapa.

- Formación de los jóvenes. Todavía existe una proporción de jóvenes que abandona el sistema educativo sin una formación suficiente. Por ello, se establecen numerosas propuestas para mejorar las tasas de titulación:

    i. estableciendo un ordenamiento legal renovado que incremente las oportunidades educativas y formativas y que contribuya a la mejora de los resultados educativos y satisfaga la demanda de una educación de calidad;

    ii. facilitando el acceso a las enseñanzas de Formación Profesional, mejorando la coordinación entre todos sus subsectores y entre el mundo educativo, laboral y empresarial;

---

79. *Vid. Op. cit.* MINISTERIO DE POLÍTICA TERRITORIAL Y FUNCIÓN PÚBLICA, *Directrices Generales de...,* pp. 64-66.

iii. estableciendo diversas vías formativas que consigan prolongar la formación de los que abandonan el sistema educativo de forma temprana;

iv. promoviendo que el alumnado que haya superado los 16 años reciba algún tipo de formación académica o profesional que pueda compatibilizar con su actividad laboral y que le permita continuar la formación, a través de distintas ofertas formativas;

v. impulsando la configuración de caminos de mejora de competencias que reconozcan los aprendizaje formales y no formales y permitan la reincorporación en el proceso de educación y formación para mejorar la cualificación de las personas.

Por otra parte, el Ministerio de Educación y Formación Profesional ha asumido un compromiso firme con la dimensión social de la educación y con una política de becas y ayudas al estudio que garantice que ningún estudiante abandone sus estudios postobligatorios por motivos económicos, asegurando así la cohesión social y la igualdad de oportunidades. Para ello ha incrementado en 10 millones el presupuesto de las becas para el curso 2018-2019, ha reducido la nota de 5,50 a 5 para obtenerla y ha emprendido un proceso de reforma del sistema de becas y ayudas al estudio basado en el diálogo con la comunidad educativa.

Al mismo tiempo, ha impulsado Programas de refuerzo y apoyo educativo para personas con mayores dificultades en su trayectoria formativa por un valor de 29,8 millones de euros, con el fin de aumentar la población con estudios y reducir la tasa de abandono escolar.

Además, se insiste en la atención especial que las Administraciones educativas deben prestar a la escuela rural y a las escuelas de las islas, proporcionándoles los medios y sistemas organizativos necesarios para atender a sus necesidades, favoreciendo la permanencia en el sistema educativo de los jóvenes de las zonas rurales e insulares más allá de la educación básica impulsando el incremento de la escolarización en las enseñanzas no obligatorias con una oferta diversificada, relacionada con las necesidades del entorno y adoptando las oportunas medidas para que la formación que se proporcione sea de calidad.

Con todo ello, las Directrices no solamente constituyen una importante apuesta por el fortalecimiento de la escuela rural y su papel transformador, sino que además han permitido afrontar las distintas dimensiones del reto demográfico y territorial, sentando las bases de una auténtica Política de Estado en la materia, mediante la inclusión de la cuestión rural de forma transversal en la acción de gobierno, el fomento del compromiso y la acción coordinada de todas las Administraciones públicas y el fortalecimiento de la colaboración pública privada. Todo ello con el firme propósito de diseñar soluciones innovadoras tendentes a avanzar en la transformación estructural del país, garantizar la igualdad de oportunidades y la cohesión social y territorial, para todas las personas, independientemente de su lugar de residencia[80].

Por su parte, el Plan de Recuperación para Europa[81] aprobado por las Instituciones europeas con el firme propósito de ayudar a reparar los daños económicos y sociales causados por la pandemia de la COVID-19 supone, con un importe de 1´8 billones de euros, el mayor paquete de estímulo jamás financiado a través del presupuesto de la Unión Europea[82]. Dicho instrumento representa además una oportunidad sin precedentes para dinamizar las áreas rurales escasamente pobladas.

Como es sabido por todos, con la finalidad de instrumentalizar y planificar el importante volumen de inversiones procedentes de este hito en el proceso de la integración europea, el Gobierno de España presentó con fecha 7 de octubre de 2020 el Plan de Recuperación, Transformación y Resiliencia «España Puede»[83] (en adelante PNRTR), el cual se sustenta en cuatro ejes prioritarios, como son la transición ecológica[84], la transformación digital, la promoción de la igualdad de género y el fomento de la cohesión social y

---

80. *Vid*. DOMÍNGUEZ ÁLVAREZ, J.L., «Hacia el diseño de nuevos instrumentos para afrontar el reto demográfico y territorial: de la potestad de planificación de las administraciones públicas a la transformación del ordenamiento jurídico», en FERNANDO PABLO, M.M. y DOMÍNGUEZ ÁLVAREZ, J.L. (Dirs.), Rural Renaissance: acción, promoción y resiliencia, Thompson Reuters-Aranzadi, Cizur Menor, 2022, p. 115.

81. El instrumento Next Generation EU se divide a su vez en dos mecanismos principales: el Mecanismo Europeo de Recuperación y Resiliencia, con el que, a través de préstamos y subvenciones, se pretende apoyar las reformas e inversiones previstas por los Estados miembros en sus planes de recuperación y resiliencia, y la Ayuda a la Recuperación para la Cohesión y los Territorios de Europa (REACT-UE) que amplía las medidas ya puestas en marcha en respuesta al SARS-CoV-2 a través de los Programas Operativos del Fondo Europeo de Desarrollo Regional (FEDER); el Fondo Europeo Social (FSE), el Fondo de Ayuda Europea para las Personas Más Desfavorecidas (FEAD).

82. Las partidas adicionales previstas en el presupuesto a largo plazo, el Marco Financiero Plurianual 2021-2027 de la Unión Europea, junto con el instrumento temporal Next Generation EU, dotado con un importe de 750 mil millones de euros, ayudaran a reconstruir la Europa posterior al COVID-19, permitiendo avanzar con paso firme hacia una Europa más ecológica, digital y resiliente.

83. El 16 de junio de 2021, la Comisión Europea escenificó la aprobación del Plan de Recuperación, Transformación y Resiliencia presentado por España, el cual representa un montante total de 69.500 millones de euros en transferencias directas, que se podrán ampliar hasta más de 140.000 en créditos, si fuera necesario, hasta 2026.

84. A este respecto, conviene señalar que el Plan de Recuperación, Transformación y Resiliencia «España Puede» no solamente se inspira y elabora sobre la base de la Agenda 2030 para el Desarrollo Sostenible de Naciones Unidas, sino que además contempla entre sus líneas directrices un apartado específico bajo la nomenclatura «España verde», con la finalidad de mitigar los enormes costes sociales y económicos, tanto para las economías domésticas como para empresas y presupuestos públicos (riesgos sanitarios y geoestratégicos) derivados de la crisis ambiental asociada al cambio climático y la pérdida de biodiversidad.

territorial[85]. Para ello, el Plan contiene 212 inversiones y reformas divididas en diez grandes políticas «palanca o tractoras»[86] de reforma estructural, alineadas con las prioridades generales del NGEU, con la finalidad de incidir directamente en aquellos sectores productivos con mayor capacidad de transformación del tejido económico y social español.

Gráfico 1. Estructura del Plan de Recuperación, Transformación y Resiliencia

---

85. Estos ejes se concretaron en varios objetivos como, por ejemplo: digitalización de más de un millón de pymes, formación de más de 2,6 millones de personas en competencias digitales, extensión de la banda ancha al 100 % de la población, despliegue eficaz del 5G, impulso de 165 destinos turísticos sostenibles, rehabilitación de más de un millón de viviendas, alcanzar una flota de 250.000 vehículos eléctricos, despliegue de más de 100.000 puntos de recarga y completar los corredores ferroviarios Atlántico y Mediterráneo.

86. Estas diez políticas palanca son: (i) agenda urbana y rural y lucha contra la despoblación y desarrollo de la agricultura; (ii) infraestructuras y ecosistemas resilientes; (iii) transición energética justa e inclusiva; (iv) una Administración para el siglo XXI; (v) modernización y digitalización del ecosistema de nuestras empresas; (vi) pacto por la ciencia y la innovación y refuerzo del Sistema Nacional de Salud; (vii) educación y conocimiento, formación continua y desarrollo de capacidades; (viii) nueva economía de los cuidados y políticas de empleo; (ix) impulso de la industria de la cultura y el deporte; y (x) modernización del sistema fiscal para un crecimiento inclusivo y sostenible.

Tabla 1: Políticas palanca y componentes

I. Agenda urbana y rural, lucha contra la despoblación y desarrollo de la agricultura

1. Plan de choque de movilidad sostenible, segura y conectada en entornos urbanos y metropolitanos
2. Plan de rehabilitación de vivienda y regeneración urbana
3. Transformación ambiental y digital del sistema agroalimentario y pesquero

II. Infraestructuras y ecosistemas resilientes

4. Conservación y restauración de ecosistemas y su biodiversidad
5. Preservación del espacio litoral y los recursos hídricos
6. Movilidad sostenible, segura y conectada

III. Transición energética justa e inclusiva

7. Despliegue e integración de energías renovables
8. Infraestructuras eléctricas, promoción de redes inteligentes y despliegue de la flexibilidad y el almacenamiento
9. Hoja de ruta del hidrógeno renovable y su integración sectorial
10. Estrategia de Transición Justa

IV. Una Administración para el siglo XXI

11. Modernización de las Administraciones públicas

V. Modernización y digitalización del tejido industrial y de la pyme, recuperación del turismo e impulso a una España nación emprendedora

12. Política Industrial España 2030
13. Impulso a la pyme
14. Plan de modernización y competitividad del sector turístico
15. Conectividad Digital, impulso de la ciberseguridad y despliegue del 5G

VI. Pacto por la ciencia y la innovación. Refuerzo a las capacidades del Sistema Nacional de Salud

16. Estrategia Nacional de Inteligencia Artificial
17. Reforma institucional y fortalecimiento de las capacidades del sistema nacional de ciencia, tecnología e innovación
18. Renovación y ampliación de las capacidades del Sistema Nacional de Salud

VII. Educación y conocimiento, formación continua y desarrollo de capacidades

19. Plan Nacional de Competencias Digitales *(digital skills)*
20. Plan estratégico de impulso de la Formación Profesional
21. Modernización y digitalización del sistema educativo, incluida la educación temprana de 0 a 3 años

VIII. Nueva economía de los cuidados y políticas de empleo

22. Plan de choque para la economía de los cuidados y refuerzo de las políticas de inclusión
23. Nuevas políticas públicas para un mercado de trabajo dinámico, resiliente e inclusivo

IX. Impulso de la industria de la cultura y el deporte

24. Revalorización de la industria cultural
25. España hub audiovisual de Europa *(Spain AVS Hub)*
26. Plan de fomento del sector del deporte

X. Modernización del sistema fiscal para un crecimiento inclusivo y sostenible

27. Medidas y actuaciones de prevención y lucha contra el fraude fiscal
28. Adaptación del sistema impositivo a la realidad del siglo XXI
29. Mejora de la eficacia del gasto público
30. Sostenibilidad a largo plazo del sistema público de pensiones en el marco del Pacto de Toledo

Dentro de estas diez grandes políticas tractoras destaca, en primer término, el impulso de la vertebración y la cohesión territorial, bajo la etiqueta *«Agenda urbana y rural, lucha contra la despoblación y desarrollo de la agricultura»*[87], la cual incorpora un conglomerado de medidas específicas para las áreas rurales con importantes desafíos demográficos, con la finalidad de impulsar la innovación social y territorial y facilitar el desarrollo de nuevos proyectos profesionales, la fijación de población, la atracción de talento, la prestación de servicios, así como un uso sostenible de los recursos endógenos.

Con la finalidad de alcanzar estos ambiciosos objetivos, el PNRTR, establece tres componentes diferenciados que vehicularán las inversiones a implementar en los próximos años, como son:

a) *Plan de choque de movilidad sostenible, segura y conectada en entornos urbanos y metropolitanos.* El objetivo fundamental de este componente es impulsar la descarbonización de la movilidad urbana, la mejora de la calidad del aire y de la calidad de vida en las ciudades. Para ello, se prevé el despliegue de un plan de choque con medidas dirigidas al propio tejido de la ciudad y a sus infraestructuras, así como a la potenciación y optimización del transporte urbano y metropolitano, sin olvidar el impulso a la electrificación de la movilidad y la mejora de la calidad del aire.

b) *Plan de Rehabilitación de vivienda y regeneración urbana.* Este componente tiene como objetivos principales el impulso a la rehabilitación del parque edificado en España[88], en línea con la *Renovation Wave europea*[89], así como el incremento del parque de vivienda en alquiler social en edificios energéticamente eficientes, contribuyendo a la activación de este sector y a la generación de empleo y actividad en el corto plazo. Para ello, se implementará la Agenda Urbana Española, potenciando la vivienda en alquiler social e impulsando la

---

87. Representa una inversión de 14.407 millones de euros, o lo que es lo mismo, el 20,7 % de los fondos gestionados a través del Plan de Recuperación, Transformación y Resiliencia «España Puede». *Vid.* PRESIDENCIA DEL GOBIERNO, PRESIDENCIA DEL GOBIERNO, *Plan de Recuperación, Transformación y Resiliencia «España puede»,* Madrid, 2020, p. 118.

88. Como objetivo específico busca conseguir unas tasas de rehabilitación energética significativamente superiores a las actuales que permitan adelantar el cumplimiento de los objetivos de rehabilitación contemplados en el Plan Nacional Integrado de Energía y Clima (PNIEC) y en la Estrategia a largo plazo para la rehabilitación energética en el sector de la edificación en España (ERESEE).

89. En 2020 la Comisión Europea publicó una nueva estrategia para impulsar la renovación denominada *«A Renovation Wave for Europe – Greening our buildings, creating jobs, improving lives».* Esta estrategia tiene como objetivo duplicar las tasas anuales de renovación energética durante los 10 próximos años. Además de reducir las emisiones, estas renovaciones mejorarán la calidad de vida de las personas y contribuirán a crear multitud de empleos verdes adicionales en el sector de la construcción.

actividad de rehabilitación y regeneración urbana como pieza clave en la reactivación del sector de la construcción e inmobiliario, lo que permitirá avanzar en el cumplimiento de los compromisos europeos y nacionales en materia de energía y clima, y de digitalización[90].

c) Transformación ambiental y digital del sistema agroalimentario y pesquero. Consciente de que los sectores agroalimentario[91] y pesquero juegan un papel fundamental en la gestión eficiente de los recursos naturales, en línea y como complemento de la nueva Política Agrícola Común 2023-2027 (PAC), el Plan prevé un conjunto de reformas para mejorar la gestión de regadíos, de la ganadería y la revalorización de los suelos agrícolas, impulsando la digitalización[92] y las cadenas de valor verdes a lo largo de todo el ciclo de producción, distribución, consumo y reutilización. Asimismo, en línea con la nueva política europea de pesca, se prevé el desarrollo de la economía azul y reformas tendentes a la explotación sostenible de los caladeros, la protección de la biodiversidad y de la riqueza de las zonas marinas.

No obstante, conviene señalar que fruto de la importancia que posee la vertebración social y territorial del Estado en el nuevo ciclo de programación de políticas públicas[93], las inversiones destinadas a revitalizar la ruralidad no se limitan únicamente a los componentes enunciados con anterioridad, impregnando por consiguiente la totalidad de las palancas tractoras del PNRTR. Para ello, se ha articulado el Plan de Medidas frente al Reto Demo-

---

90. De forma adicional, se incluye un paquete dirigido específicamente a actuaciones en municipios y núcleos de menos de 5.000 habitantes, contribuyendo a abordar el Reto Demográfico desde la regeneración urbana y rural.

91. Con este propósito, recientemente, el Ministerio de Agricultura, Pesca y Alimentación puso en marcha el II Plan de Acción de la Estrategia de Digitalización del sector agroalimentario y del medio rural (2021-2023), mediante el cual se ponen en marcha 21 actuaciones con un importe de 64 millones de euros, orientadas con carácter prioritario a la reducción de la brecha digital, la apertura y uso de datos y el apoyo al sector empresarial agroalimentario, especialmente a las pymes. *Vid.* MINISTERIO DE AGRICULTURA, PESCA Y ALIMENTACIÓN, *II Plan de Acción de la Estrategia de Digitalización del sector agroalimentario y del medio rural,* Madrid, 2021, p. 20.

92. Para ello, la Administración General del Estado prevé impulsar un proyecto tractor en el sector agroalimentario que contemplará, entre otras actuaciones, la producción con foco en eficiencia productiva y logística, la mejora de la relación con el cliente y el impulso de una Industria Transformadora 4.0. Asimismo, se apostará por mejorar la trazabilidad, la seguridad alimentaria y la calidad e información al consumidor, así como la medición y el control de impactos ambientales mediante el uso de la tecnología, la interoperabilidad de los datos, o el fomento del emprendimiento en el territorio. *Vid.* PRESIDENCIA DEL GOBIERNO, *España Digital 2026,* Madrid, 2020, p. 59.

93. El Plan contribuye al cuarto pilar del Mecanismo de Recuperación y Resiliencia, la promoción de la cohesión social y territorial, gracias al impacto coherente de todos los componentes a través en particular de la reducción de la brecha digital y la modernización de los instrumentos públicos de redistribución de la renta de los hogares.

gráfico «Pueblos con futuro»[94], adoptado el pasado 16 de marzo de 2021 por la Comisión Delegada para el Reto Demográfico, instrumento de planificación mediante el que se pretenden impulsar 130 políticas activas estratégicas para luchar contra la despoblación, agrupadas en 10 grandes ejes[95], que suponen una inversión de 10.000 millones de euros orientada a zonas rurales y pequeños municipios, con la finalidad de reforzar el compromiso de las Administraciones públicas con la necesaria garantía de la cohesión social y territorial, en el marco de la Estrategia Nacional de Reto Demográfico.

El Plan se orienta hacia un amplio conjunto de objetivos para impulsar la igualdad de oportunidades y la vertebración territorial, mediante la diversificación económica de las zonas más desfavorecidas. Entre estos objetivos destacan: (i) el estímulo de la innovación; (ii) la plena conectividad digital; (iii) el reforzamiento de los vínculos rurales y urbanos; (iv) la puesta en valor del territorio y de sus posibilidades endógenas de crecimiento; (v) la adecuada prestación de los servicios básicos; o (vi) la incorporación de la perspectiva demográfica en el proceso de toma de decisiones del Gobierno.

Con el propósito de alcanzar todos esos ambiciosos objetivos, el PMRD articula un plan de choque sobre equipamientos sociales, un plan de rehabilitación de vivienda y regeneración urbana, un plan de choque para la economía de los cuidados y refuerzo de las políticas de igualdad e inclusión, un pacto por la ciencia y la innovación y el refuerzo a las capacidades del sistema nacional de salud, así como la modernización de las Administraciones públicas[96]. También contempla una serie de importantes previsiones en otras cuestiones capitales para el fomento de la cohesión territorial como son la extensión de la banda ancha ultrarrápida a aquellas zonas que en la actualidad no disponen de ella, el impulso al despliegue de redes 5G o actuaciones de inclusión digital mediante el refuerzo de la formación digital en zonas de declive demográfico[97].

---

94. *Vid.* Ministerio para la Transición Ecológica y el Reto Demográfico, *Plan de recuperación. 130 medidas frente al Reto Demográfico,* Madrid, 2021, p. 76.

95. Estos 10 grandes ejes de actuación se corresponden con: (i) impulso de la transición ecológica; (ii) transición digital y plena conectividad territorial; (iii) desarrollo e innovación en el territorio; (iv) impulso del turismo sostenible; (v) igualdad de derechos y oportunidades de las mujeres y los jóvenes; (vi) fomento del emprendimiento y de la actividad empresarial; (vii) refuerzo de los servicios públicos e impulso de la descentralización; (viii) bienestar social y economía de los cuidados; (ix) promoción de la cultura; y (x) reformas normativas e institucionales para abordar el reto demográfico.

96. *Vid.* Consejo Económico y Social, *Un medio rural vivo y sostenible. Informe 02/2021, aprobado en sesión extraordinaria del Pleno de 7 de julio de 2021*, Madrid, 2021, p. 101.

97. *Vid.* Domínguez Álvarez, J.L. y Tomé Domínguez, P.M., «La conectividad de los territorios rurales como premisa para el fomento de la dinamización y la sostenibilidad de las áreas con desafíos demográficos: más allá de brechas y promesas», en Rodríguez Escanciano, S. y Álvarez Cuesta, H. (Coords.), *La economía social y el desarrollo sostenible*, Colex, A Coruña, 2022, pp. 411-443.

Igualmente, se prevé el impulso de los servicios públicos en el medio rural, como las oficinas municipales de justicia, o la mejora de la seguridad en estas áreas. También se prevé el acercamiento de la Formación Profesional a los núcleos en riesgo de despoblación como parte de la modernización de la Formación Profesional prevista en el Plan, actuaciones de conservación y restauración del patrimonio natural y cultural en áreas con déficit demográfico, un impulso a la gestión forestal sostenible y el despliegue de la bioeconomía, y, finalmente, una Estrategia de Transición Justa. Con ella se busca fomentar el empleo y la creación de actividad en los territorios afectados por la transición energética, para que las personas y las regiones aprovechen al máximo las oportunidades de esta transición.

En lo que respecta a la cuestión de la escuela rural, el PMRD apuesta por avanzar en la mejora de la educación, la formación profesional y la capacitación digital en las áreas rurales, para mujeres y jóvenes (eje 5). Para ello si impulsan las siguientes medidas:

- Prevención del abandono temprano de la educación y mejora de los resultados educativos.

- Puesta en marcha de un Plan de Digitalización y Competencias Digitales del Sistema Educativo. Dotación de dispositivos portátiles para la reducción de la brecha digital de acceso por parte del alumnado de colectivos vulnerables. Instalación, actualización y mantenimiento de sistemas digitales interactivos (SDI) en aquellas aulas de centros educativos que imparten enseñanzas oficiales distintas a las universitarias.

- Desarrollo de un programa de Formación Profesional de capacitación digital modular y flexible orientado a la recualificación y refuerzo de competencias de los trabajadores (*reskilling* y *upskilling*).

- Aprobación del Plan para la Formación Profesional, el Crecimiento Económico y Social y la Empleabilidad, que permite llegar a municipios de tamaño pequeño y medio con menores opciones formativas a través de una oferta modular y mediante estrategias no regladas dependientes del Ministerio de Educación y Formación Profesional y los municipios (Aulas Mentor).

- Creación de 65.382 plazas del Primer Ciclo de Educación Infantil de titularidad pública (prioritariamente de 1 y 2 años).

- Mejorar la accesibilidad desde una perspectiva integral facilitando la autonomía de las personas que lo necesitan y garantizando su acceso a múltiples entornos como el de las administraciones públicas, la educación, la sanidad, etc.

Si bien es cierto que habrá que esperar para comprobar con exactitud los efectos que la puesta en marcha de este haz de políticas públicas está generando en la dinamización de las economías locales y en la revitalización de los territorios rurales destinatarios, conviene destacar que ya existen una serie de evidencias tangibles que invitan al optimismo[98]. Ciertamente, los últimos esfuerzos destinados por la Administración General del Estado no solamente han permitido conformar una auténtica Política de Estado en materia de reto demográfico y territorial, situando la problemática de las comunidades rurales en el centro de la agenda política y gubernamental, sino que además han traído consigo la aplicación de un enfoque transversal, combinando el reto demográfico con una nueva visión a largo plazo de las áreas rurales, lejos del cortoplacismo, la intermitencia y la dispersión que había caracterizado la actuación del poder público para con las áreas rurales hasta la fecha. Así mismo, han permitido visibilizar el potencial económico, medioambiental, patrimonial, etc., que atesoran las comunidades rurales, deconstruyendo perniciosos estereotipos y transformando el imaginario colectivo sobre el fenómeno de la ruralidad.

---

98. Otros autores, en cambio, no poseen la misma opinión, para quienes «la estrategia frente a la despoblación del gobierno de España incurre en una serie de errores en su enfoque, eminentemente cuantitativo, sectorial, desde arriba y funcional, al margen de la voluntad de las personas sobre dónde y cómo vivir, que debería ser la clave. Subyace como objetivo principal el incremento de población, imposible. Las medidas son presentadas de forma aluvional, corta y pega de ministerios sin razonar cómo integrarían una estrategia coherente e interdepartamental, con valor añadido. Además, temas relevantes como la vivienda, la movilidad, así como la inmigración y nuevos residentes, son omitidos (…) los objetivos no quedan claros dentro de un enfoque funcional y orgánico de los territorios, muy convencional pero poco relevante. No se repara en las asociaciones e instituciones informales, que activan el capital social rural, ni tampoco las aspiraciones de tipo personal ajenas a la renta y el consumo […] Las medidas carecen de sentido estratégico, sin marcos de referencia analíticos o institucionales que las articulen con cierto sentido, enunciadas en modo declarativo, omitiendo algunos de los retos más relevantes como la vivienda, la población inmigrante, y la movilidad rural en áreas funcionales supramunicipales. Aunque sí hay novedades en la gobernanza para cooperar horizontal y verticalmente, incluso con agentes sociales y sociedad civil, aportación muy importante; en cambio no valora el saber hacer en la gestión de programaciones que sí han dinamizado el rural periférico como el LEADER, y se insiste en enfoques desde arriba sectoriales. Se plantean inversiones muy costosas en factores duros, sigue el culto hacia las infraestructuras, como siempre las de transporte y ahora las telemáticas, evaluadas con sesgos, en lugar de los intangibles que tienen que ver con el talento, la tolerancia y la creatividad, más relevantes en un emergente capitalismo creativo postmaterial de una sociedad sostenible más humana y cuidadora». *Vid.* SÁEZ PÉREZ, L.A., «Análisis de la Estrategia Nacional frente a la Despoblación en el Reto Demográfico en España», en *Ager: Revista de estudios sobre despoblación y desarrollo rural= Journal of depopulation and rural development studies*, núm. 33, 2021, p. 7.

CAPÍTULO III

LA PROVISIÓN DE SERVICIOS EN EL MEDIO RURAL COMO PRESUPUESTO INDISPENSABLE PARA COMBATIR LA DESPOBLACIÓN

El artículo 174 del Tratado de Funcionamiento de la Unión Europea pone de manifiesto la necesidad de prestar especial atención a los territorios escasamente poblados en los siguientes términos: «*[a] fin de promover un desarrollo armonioso del conjunto de la Unión, esta desarrollará y proseguirá su acción encaminada a reforzar su cohesión económica, social y territorial. La Unión se propondrá, en particular, reducir las diferencias entre los niveles de desarrollo de las diversas regiones y el retraso de las regiones menos favorecidas. Entre las regiones afectadas se prestará especial atención a las zonas rurales, a las zonas afectadas por una transición industrial y a las regiones que padecen desventajas naturales o demográficas graves y permanentes, como, por ejemplo, las regiones más septentrionales con una escasa densidad de población y las regiones insulares, transfronterizas y de montaña*».

Más específicamente, el artículo 175 TFUE señala que «*los Estados miembros conducirán su política económica y la coordinarán con miras a alcanzar también los objetivos enunciados en el artículo 174*».

Por su parte, la Constitución española contiene un modelo cuya amplia formulación, permite albergar opciones variadas de política económica: el progreso económico (arts. 40.1. 130.1 y 131.1); el principio de igualdad en sus dos vertientes de equilibrio entre espacios territoriales (arts. 138 y 158) y de nivelación de rentas personales (arts. 130, 131.1 y 140.1); la unidad de mercado (art. 139.2); la estabilidad económica (art. 140.1), la productividad (art. 38), etc. Entre todas las técnicas o instrumentos puestos al servicio de estos principios inspiradores, reviste especial importancia el previsto en el artículo 128.2 CE, a cuyo tenor «*se reconoce la iniciativa pública en la actividad económica. Mediante ley se podrá reservar al sector público recursos o servicios esenciales, especialmente en caso de monopolio y asimismo acordar la intervención de empresas cuando así lo exigiere el interés general»*, lo que supone de facto la admisión de la eventual participación de la Administración en la vida económica, orientando en un sentido u otro la producción de bienes o la prestación de servicios[99].

Este precepto consagra un instrumento típico de la política económica[100] y una de las características más expresivas del Estado social de Derecho, antítesis dialéctica del Estado liberal, proclive a confiar la ordenación de la economía en el libre juego de los sujetos privados[101].

Ante esta tesitura, y en vista de las previsiones realizadas por el Derecho comunitario y la Carta Magna española, el legislador español en un alarde de astucia mediante la proclamación de la LDSMR, contempla la necesidad de mejorar la situación socioeconómica de la población de las zonas rurales y el acceso a unos servicios públicos suficientes y de calidad, prestando especial atención a las mujeres y los jóvenes, agentes de los que depende, en gran medida, el futuro del medio rural.

Esta idea aparece recopilada de igual forma entre los objetivos generales de la citada norma —a tenor de lo establecido en su art. 2.1.b)—, al establecer como prioridad la necesidad de *«mantener y mejorar el nivel de población del medio rural y elevar el grado de bienestar de sus ciudadanos, asegurando unos servicios públicos básicos adecuados y suficientes que garanticen la igualdad de oportunidades y la no discriminación, especialmente de las personas más vulnerables o en riesgo de exclusión»*. Para ello, la LDSMR continúa su exposición señalando la urgencia de *«potenciar la prestación de unos servicios públicos básicos de calidad, adecuados a las características específicas del medio rural, en particular en los ámbitos de la educación, la sanidad y la seguridad ciudadana»* —art. 2.1.e)—.

Por su parte, el Programa de Desarrollo Rural Sostenible (2010-2014), y sus sucesivas prorrogas, el cual se configura como el instrumento principal para la planificación de la acción de los poderes públicos en relación con el medio rural, destaca como una de las principales debilidades de las zonas rurales a revitalizar la escasez de servicios a la comunidad (sanidad, educación, cultura, etc.) por razones de economía de escala debidos a la baja densidad y al aislamiento.

Con todo ello se pretenden implementar medidas efectivas relativas al acceso de la población rural a unos servicios públicos básicos de calidad,

---

99. *Vid.* SOSA WAGNER, F., *La gestión de los servicios públicos locales,* Civitas, 7.ª edición, Madrid, 2008, p. 28.

100. *Vid.* MUÑOZ MACHADO, S., *Tratado de Derecho Administrativo y Derecho público general,* vol. I, Civitas, Madrid, 2004, p. 1105.

101. *Vid.* FERNÁNDEZ RODRÍGUEZ, T.R., «Reflexión sobre la empresa pública española», en AA.VV., *La empresa pública española,* Instituto de Estudios Fiscales, Madrid, 1980, pp. 56 y ss.

prestando especial atención a la educación y la cultura, a través de la atención específica a una gran variedad de aspectos en relación con los alumnos y los centros, pero también con el mantenimiento de unos equipamientos y una oferta cultural suficientes.

En este sentido, el Consejo Económico y Social señala que entre los muchos factores que determinan la calidad de vida en el medio rural, el funcionamiento de los servicios educativos y sanitarios adquieren una especial importancia[102]. Sin embargo, la valoración de su incidencia en el bienestar no es vista de idéntica forma en el medio rural. Así, en los municipios menos poblados y con menor acceso a ambos servicios, estos resultan claves para alcanzar y/o mantener una calidad de vida adecuada; mientras que, en los municipios con mayor población, la valoración es menor, pues la oferta y el acceso a los mismos está garantizada. Tal y como señala el Consejo Económico y Social, la presencia de estos servicios no es un factor determinante para atraer población, pues la población que se instala en un municipio rural suele ser «adulta-joven», y caracterizada por una gran movilidad: en estos casos, en ocasiones es más importante la calidad y el tener un acceso rápido y cómodo a los mismos. Sin embargo, unos servicios y recursos mínimos posiblemente contribuyan a que más personas puedan continuar residiendo en estos municipios, pues su ausencia incrementa los costes económicos y temporales de acceso, tanto a quienes los usan como a quienes se ocupan profesionalmente de los mismos[103]. No obstante, su papel es clave para mantener una cierta estabilidad demográfica en los municipios de menor tamaño y más envejecidos, debido a las mayores limitaciones de movilidad de la población que reside en ellos, pudiendo ser un factor de expulsión de la población importante.

En esta misma línea, la Red de Áreas Escasamente Pobladas del Sur de Europa establece como una de las líneas estratégicas prioritarias para hacer frente a los principales desafíos estructurales que, en materia demográfica, económica y social, afectan a las regiones rurales menos pobladas de Europa, la buena dotación de servicios básicos para la población. De esta forma, señalan que frenar la despoblación del medio rural español, pasa, en buena medida porque el conjunto de la población ya sea esta rural o urbana, perciba que la calidad de vida en el medio rural es al menos equiparable a la de los territorios más densamente poblados, y que vivir en un pueblo no implica automáticamente tener que renunciar a unos servicios educativos, sanitarios, o sociales suficientes y de calidad[104].

---

102. *Vid. op. cit.* CONSEJO ECONÓMICO Y SOCIAL. «El medio rural...», p. 78.

103. *Vid.* ESCRIBANO PIZARRO, J., «Servicios educativos y sanitarios elementales en el medio rural: percepción social e influencia sobre la calidad de vida», en *Revista de Estudios Geográficos,* vol. 73, núm. 272, 2012, pp. 35-61.

104. *Cfr.* RED DE ÁREAS ESCASAMENTE POBLADAS DEL SUR DE EUROPA, *Documento de posición de la SSPA para España,* Aragón, 2018.

Ahora bien, en este punto, conviene señalar que los importantes avances realizados en la provisión tanto de los servicios educativos como sanitarios en el medio rural, se pueden ver claramente amenazados por la tendencia a una mayor concentración de los mismos y por el impacto de los ajustes presupuestarios en ambos ámbitos. Pero no solo se trata de la necesidad o no de más centros sanitarios o educativos en determinados territorios, sino de ofrecer un servicio adecuado, suficiente y de calidad. Algunas claves para su mejora pueden ser aquellas actuaciones que fomenten la accesibilidad[105], desde el aumento y mejora de las infraestructuras de comunicación, hasta las condiciones o normas que regulan el funcionamiento de los servicios (horarios de apertura, libertad para la elección de médico, citación telefónica, etc.); así como el incremento de la movilidad derivada del uso de transportes públicos. También se hace necesario apostar por una mayor coordinación de los servicios públicos prestados a la población, especialmente en el ámbito sociosanitario, superando la visión sectorial de las distintas políticas existentes en aras de una mayor adaptación a las necesidades de la población más representativa de estos espacios, evitando con ello problemas de desatención y/o de ineficiencia en el uso de los recursos públicos. Finalmente, es imprescindible aumentar la estabilidad de las plantillas de los centros educativos y sanitarios, tanto para garantizar una continuidad de la atención prestada a la población, como por las consecuencias, para los profesionales y para los usuarios, que tiene la rotación en la reorganización de los equipos[106], cuestión en la que sería de vital importancia desplegar el conjunto de medidas (incentivos administrativos, profesionales o económicos) contempladas en la LDSMR con la finalidad de propiciar que los empleados públicos, preferentemente los docentes y sanitarios, se estabilicen en el medio rural.

Pese a todas estas consideraciones acerca de la necesidad de potenciar el establecimiento de unos servicios accesibles y de calidad como presupuesto indispensable para revitalizar el medio rural, lo cierto es que, sin embargo, las dificultades en la aplicación de la LDSMR y del Programa de Desarrollo Rural Sostenible, han impedido en gran parte alcanzar todos estos propósitos y objetivos normativos, pues los convenios y compromisos de cofinanciación entre el Estado y las Comunidades Autónomas se han incumplido en su mayor parte, dejando sin efecto el contenido de la LDSMR.

No obstante, y pese a todas estas dificultades, esto no menoscaba en forma alguna la responsabilidad que las Administraciones públicas[107] poseen en la cuestión que nos ocupa, pues la provisión de servicios públicos adecuados en el medio rural no es más que una manifestación palmaria del derecho

---

105. *Cfr.* ESCALONA ORCAO, A. I. y DÍEZ CORNAGO, C., «Retos y problemas de la accesibilidad a servicios en zonas despobladas: un caso en la provincia de Teruel (España)», en *Scripta Nova: Revista Electrónica de Geografía y Ciencias Sociales,* vol. 9, núm. 2, 2005, pp. 181-204.

106. *Vid. op. cit.* CONSEJO ECONÓMICO Y SOCIAL. *El medio rural...,* p. 79.

107. *Vid. op. cit.* DOMÍNGUEZ ÁLVAREZ, J.L., «El desigual acceso...», p. 67.

fundamental de igualdad y no discriminación establecido en el art. 14 de la Constitución española de 1978[108], según el cual: «*los españoles son iguales ante la ley, sin que pueda prevalecer discriminación alguna por razón de nacimiento, raza, sexo, religión, opinión o cualquier otra condición o circunstancia personal o social*»; y más concretamente, la cuestión que nos atañe supone una aseveración del mandato consignado en el art. 9.2 CE, puesto que cuando hablamos de establecimiento de servicios públicos accesibles y de calidad en el medio rural nos estamos refiriendo, en última estancia, a una manifestación directa del mandado constitucional realizado con el fin de que los poderes públicos tomen consciencia de la urgencia de «*promover las condiciones para que la libertad y la igualdad del individuo y de los grupos en que se integra sean reales y efectivas; remover los obstáculos que impidan o dificulten su plenitud y facilitar la participación de todos los ciudadanos en la vida política, económica, cultural y social*»[109].

Ciertamente, tal y como señala la doctrina constitucionalista, la igualdad representa un valor superior del Estado, de conformidad con el art. 1.1 CE, junto a la libertad, la justicia y el pluralismo político, valores sobre los cuales ha de cimentarse el Estado social y democrático de Derecho español, y los cuales deben informar y reflejarse en la interpretación del resto de preceptos constitucionales. Por tanto, cuando nos referimos a la problemática de la despoblación y abandono del medio rural nos estamos refiriendo, en definitiva, a un anormal funcionamiento de los poderes públicos, que lejos de atender con objetividad los intereses generales, mandato de las Administraciones públicas de conformidad con el art. 103.1 CE, supone un quebrantamiento ostensible de los valores superiores del ordenamiento jurídico, los cuales no son una mera declaración constitucional, sino que se proyectan sobre otros preceptos constitucionales modulando su interpretación y significado, sino más bien la aspiración ideal a la que todo ordenamiento jurídico debe tender.

Así las cosas, en primer término, el acceso a la atención sanitaria de la población rural en España en sus dos niveles asistenciales —atención primaria[110] y atención especializada— está garantizado gracias a la ordenación del

---

108. El Defensor del pueblo ha sido claro al decir que esta «situación genera una brecha de desigualdad que es incompatible con los principios constitucionales de equidad e igualdad en el acceso a los servicios públicos básicos. De ahí que el problema de la despoblación sea una cuestión de derechos y libertades pues lo que está en debate es el principio mismo de igualdad, y eso afecta a todos los españoles, vivan donde vivan». *Vid.* DEFENSOR DEL PUEBLO, *Informe Anual del Defensor del Pueblo 2018,* Madrid, 2018.

109. La Constitución española como norma fundamental del ordenamiento jurídico recoge la igualdad en sus tres facetas diferenciadas, a saber, como valor superior del Estado —entendido éste en su acepción más amplia—, igualdad vinculada al principio de no discriminación, e igualdad como un mandato expreso que vincula la actuación de los poderes públicos.

110. Conforme al Acuerdo del Pleno del Consejo Interterritorial del Sistema Nacional de Salud, de 11 de diciembre de 2006, «La atención primaria de salud ha de estar orientada al ciudadano y a la comunidad, y ha de tener una alta capacidad de resolución con un amplio

Sistema Nacional de Salud (SNS)[111]. La ubicación de los recursos asistenciales responde, básicamente, a una planificación sobre demarcaciones demo-geográficas delimitadas, las áreas de salud, que establece cada Comunidad Autónoma teniendo en cuenta factores de diversa índole[112] pero, sobre todo, respondiendo a la idea de proximidad de los servicios[113], aunque puedan variar la extensión territorial y el contingente de población comprendida en las mismas.

Las áreas de salud se subdividen, a su vez, en zonas básicas de salud, que son el marco territorial de la atención primaria, donde desarrollan las actividades sanitarias los centros de salud. Cada área dispone de un hospital general, como referente para la atención especializada, y de centros de especialidades adscritos al mismo. Para la delimitación de las zonas básicas se tienen en cuenta una serie de factores, tales como: las distancias máximas de las agrupaciones de población más alejadas de los servicios y el tiempo normal a invertir en su recorrido usando los medios ordinarios, el grado de concentración o dispersión de la población, las características epidemiológicas, y las instalaciones y recursos sanitarios de la zona[114].

---

acceso a medios diagnósticos, contando con unos profesionales motivados y capacitados y una organización descentralizada, eficiente y participada, tanto por los ciudadanos como por los profesionales...».

111. La Ley 14/1986, de 25 de abril, general de Sanidad, cuyo objeto no es otro que el de establecer la regulación general de todas las acciones que permitan hacer efectivo el derecho a la protección de la salud reconocido en el artículo 43 y concordantes de la Constitución, reconoce, en su artículo primero, apartado segundo, el derecho a la protección de la salud y a la atención sanitaria de todos los españoles y los ciudadanos extranjeros que tengan establecida su residencia en el territorio nacional.

112. Las áreas de salud se delimitarán teniendo en cuenta factores geográficos, socioeconómicos, demográficos, laborales, epidemiológicos, culturales, climatológicos y de dotación de vías y medios de comunicación, así como las instalaciones sanitarias del área.

113. Como subrayan RODRÍGUEZ RODRÍGUEZ y GALDEANO GÓMEZ, «el desarrollo de los servicios a la población en el medio rural es una preocupación creciente en el seno de los Grupos de Desarrollo Rural, hacedores de las políticas de desarrollo rural integrado. Los servicios a la población son aquellos prestados directa o indirectamente a las personas o/y familias, que satisfacen necesidades individuales o colectivas de carácter económico, social o cultural. Para su clasificación se utilizan distintos criterios: naturaleza, costes y proveedores. En base a la *naturaleza de los servicios* se distinguen los siguientes servicios: económicos básicos (agua, electricidad y gestión de residuos), sociales básicos (colegio, médico, farmacia, ambulancia y hospital), seguridad (policía y vigilancia), transporte, comunicación (correos, teléfono, acceso a Internet), información, comercios, culturales y de ocio. Haciendo uso del *coste* como criterio de clasificación se catalogan los distintos tipos: servicios destinados a la venta, regulados o no regulados, servicios no destinados a la venta y servicios mixtos, parcialmente gratuitos. En función de quien actúe como *proveedor* del servicio se distinguen: servicios públicos, provistos por la Administración; servicios privados, provistos por la empresa privada y servicios asociativos, provistos por las entidades asociativas». *Vid.* RODRÍGUEZ RODRÍGUEZ, M.C. y GALDEANO GÓMEZ, E., «Los Servicios de Proximidad como Factor Clave para el Desarrollo de Áreas Rurales», en *Seminario de Cooperación de Desarrollo en Espacios Rurales*, Almería, 2007, p. 5.

114. *Vid. op. cit.* CONSEJO ECONÓMICO Y SOCIAL. *El medio rural...*, p. 83.

De manera especial en el ámbito rural, cada zona básica puede disponer de uno o más centros de atención primaria, ubicados en varias localidades o municipios, para garantizar la accesibilidad geográfica. En torno a un centro cabecera (centro de salud), se coordinan las actividades para la atención global a la población de la zona básica con el resto de los centros (consultorios).

En los últimos años, a pesar de los ajustes presupuestarios en el ámbito sanitario, diversos estudios especializados[115] señalan que el acceso a la atención primaria ha ido mejorando a medida que la oferta de centros y personal se ha extendido por el territorio nacional, fenómeno que no se percibe de igual forma en el medio rural[116]. En este punto, conviene identificar una serie de dificultades y problemas específicos presentes en la concepción del modelo sanitario, que se manifiestan en mayor medida en la prestación de los servicios sanitarios en las áreas rurales, como pueden ser la insuficiencia de recursos, el estado deficiente de las instalaciones, la falta de equipos básicos, el menor alcance y acceso a la tecnología, etc.; pero también humanos, pues es bastante común la organización en consultorios con equipos de profesionales pequeños, en los que es habitual la ausencia de apoyo administrativo, que algunos profesionales trabajen en varios centros, y que la organización de los equipos esté bastante restringida. Todas estas cuestiones terminan por influir de forma decisiva en la calidad y accesibilidad de un servicio esencial, la sanidad rural, que se encuentra seriamente amenazada en determinadas áreas geográficas de nuestro país, expuesta a profundos procesos de deterioro que se han visto acelerados por la irrupción de la COVID-19[117].

Un claro ejemplo de esta alarmante tendencia a la que se enfrenta la sanidad rural lo encontramos en el «Nuevo modelo de asistencia sanitaria en el

---

115. *Vid.* GÉRVAS, J. y PÉREZ, M., «El médico rural en el siglo XXI, desde el punto de vista urbano», en *Revista clínica electrónica en atención primaria,* núm. 14, 2007, pp. 1-5; ROMERO GONZÁLEZ, J., y BOIX PALOP, A. (Coord.), *Democracia desde abajo. Nueva agenda para el gobierno local*, Universitat de València, Valencia, 2015.

116. El legislador por medio del art. 30 LDSMR establece que «para facilitar el acceso de la población rural a unos servicios públicos sanitarios de calidad, el Programa podrá establecer medidas que persigan: a) La mejora de la sanidad, en particular de la Atención Primaria, singularmente en las zonas rurales prioritarias, que permita asegurar unos servicios sanitarios básicos de proximidad en cada zona rural. b) La puesta a disposición de los profesionales del Sistema Nacional de Salud, que ejercen en el medio rural, de las más modernas tecnologías y medios y, en particular, de la telemedicina; y c) La mejora del acceso de los ciudadanos que residen en el medio rural a una atención sanitaria especializada de calidad, prestando una atención singular a las urgencias médicas».

117. Esta situación, según PINTO HERNÁNDEZ y GARCÍA CHAVES, evidencia la necesidad urgente de desarrollar en su totalidad los objetivos que recoge la actual legislación en relación a la sanidad rural. *Vid.* PINTO HERNÁNDEZ, F. y GARCÍA CHAVES, M.C., «El Estado del Bienestar en el medio rural español. La efectividad de las políticas públicas», en FERNANDO PABLO, M.M. y DOMÍNGUEZ ÁLVAREZ, J.L. (Dirs.), *Rural Renaissance: Derecho y Medio rural,* Thomson Reuters-Aranzadi, Cizur Menor, 2020, p. 209.

medio rural de Castilla y León», documento promovido por el Gobierno autonómico que en menos de una quincena de páginas pretende esbozar las líneas maestras de un proceso catártico de remodelación de la sanidad rural[118].

Entre las actuaciones estratégicas que se plantean en el citado documento, aparecen algunas cuestiones escabrosas que menoscaban y producen una afectación neurálgica a la prestación efectiva de los servicios sanitarios en las áreas rurales, acelerando la precarización y el deterioro de la misma como, por ejemplo:[119]

– Concentrar la asistencia médica en el Centro de Salud y en un número pequeño de Consultorios Locales, que pasarán a denominarse Consultorio Rural de Agrupación (CRA).

– La atención a la población se realizará en el propio centro de salud, así como en todos los Consultorios Locales (CL) que se clasificarán en CRA, con consulta médica y de profesionales de enfermería diaria, y Consultorios de Proximidad (C-PROX) con actividad periódica en función del volumen de población y según las necesidades clínicos detectadas por la propia población y el personal sanitario, sin detrimento de la atención domiciliaria necesaria.

– La actividad del médico de familia se concentrará fundamentalmente en el centro de salud o en el consultorio rural de agrupación. Se desplazará al consultorio de proximidad, con la periodicidad que

---

118. *Cfr.* CONSEJERÍA DE SANIDAD DE LA JUNTA DE CASTILLA Y LEÓN, *Documento marco para un nuevo modelo de asistencia sanitaria en el medio rural,* Valladolid, 2019.

119. Esta situación de precariedad de la sanidad pública latente en el medio rural ha sido objeto incluso, en el caso de Castilla y León, de la presentación de quejas ante el Procurador del Común (Queja 2229/2020). En dicho documento se recoge un listado de reivindicaciones imprescindibles para que los pueblos de Castilla y León cuenten con unos servicios sanitarios dignos, entre las que destacan las siguientes: «1. Reforzar la Atención Primaria en los consultorios locales y centros de salud. 2. Aumentar el número de médicos rurales que atienden en los consultorios de proximidad con el fin de mejorar la atención en los consultorios rurales. 3. Designar un profesional médico de referencia en cada pueblo que pueda hacer seguimiento de las patologías de sus pacientes, evitando la continua rotación de profesionales que se sufre en las zonas rurales. 4. Invertir recursos en reformar los consultorios rurales en los pueblos. 5. Asegurar frecuencia y calidad de atención sanitaria independientemente del número de habitantes o de la distancia a un centro de salud mayor. 6. Desestimar la implantación de la figura de «agentes de salud comunitarios» o «voluntarios sanitarios» en las zonas rurales y que sean los profesionales sanitarios –y no los propios vecinos- quienes atiendan a los pacientes. 7. Mejorar las condiciones de trabajo de los profesionales sanitarios rurales, con dietas por desplazamientos y mejoras salariales que hagan atractivos estos puestos de trabajo. 8. Que todos los pueblos de Castilla y León tengan acceso a ambulancia 24 horas. 9. Que todos los pueblos de Castilla y León tengan acceso a pediatra y matrona de lunes a viernes en marcos de proximidad inferiores a 20 minutos por carretera. 10. Que todos los pueblos de Castilla y León tengan las mismas condiciones de atención pediátrica que en los centros de salud no rurales, en cuanto a tramo de edad de los niños, 11. Que haya un mínimo de dos desfibriladores en cada centro de salud de proximidad».

se establezca en cada caso, siempre y cuando exista una necesidad asistencial sentida por las personas interesadas (cita previa a demanda) o detectada por el profesional, médico o de enfermería (cita concertada).

– Establecer procedimientos normalizados de gestión de la demanda según el motivo de consulta, que permitan potenciar el principio de subsidiariedad a cada Equipo de Atención Primaria de manera que se ofrezca a cada persona la atención adecuada en función del tipo de necesidad y que la misma sea prestada por el profesional idóneo.

– Potenciar las citas concertadas en todos los consultorios locales, tanto a demanda, a través del sistema de cita previa, como la concertada con el profesional. Por ello es especialmente importante la implicación de la Unidad Administrativa.

De la lectura pausada de estos y otros planteamientos consignados en el documento publicitado por la Junta de Castilla y León, se deduce sin demasiado esfuerzo la intención y la voluntad del Gobierno autonómico de potenciar la figura de los Centros de Salud y de los Consultorios Rurales Agrupados, en detrimento de la prestación de asistencia sanitaria en los Consultorios Locales, apostando por el establecimiento de un sistema de cita previa o consultas a demanda, algo completamente alejado de las necesidades que presenta la población rural, caracterizada por un profundo envejecimiento y la existencia de profundas carencias en lo que se refiere a servicios de transporte, telecomunicaciones, etc.

En otro orden de cosas, en lo que respecta a la atención especializada en las zonas rurales, el Consejo Económico y Social indica la necesidad de contar con servicios adaptados a las circunstancias geográficas, demográficas y sociales específicas de estas zonas. En este sentido, existe una creciente necesidad de acondicionar la atención sanitaria al envejecimiento, siendo especialmente importantes los servicios sociosanitarios, el acceso a esta atención de las personas mayores[120], y la movilidad. El acceso a los especialistas y pruebas complementarias en el medio rural obliga en muchos casos a realizar importantes desplazamientos, lo que unido a la carencia o baja frecuencia de los medios de transporte público y a la presencia de personas con escasa movilidad privada, terminan por socavar el derecho a la protección

---

120. Una de las principales actuaciones que en la actualidad están desarrollando las Administraciones públicas en relación con el medio rural, es el impulso de la colaboración interinstitucional para fortalecer la asistencia a personas dependientes y a los mayores que habitan en las áreas rurales. Un buen ejemplo de ello lo encontramos en el Acuerdo de 18 de diciembre de 2018, del Consejo de Gobierno de la Junta de Andalucía, por el que se distribuyen créditos entre Ayuntamientos de municipios con población superior a 20.000 habitantes y Diputaciones Provinciales, al objeto de financiar el refuerzo de los Servicios Sociales Comunitarios en el desarrollo de las competencias atribuidas en materia de dependencia.

de la salud reconocido en el artículo 43 CE. Por tanto, la escasez de servicios sociosanitarios[121] y las dificultades de acceso a los mismos en algunos enclaves, pueden multiplicar las dificultades para atender las situaciones de dependencia[122].

En este sentido, el Ministerio de Sanidad y Consumo, ya en la pasada década, estableció algunas líneas de actuación para mejorar la calidad de la atención primaria en el medio rural y, especialmente en zonas aisladas. Actuaciones que podrían venir por una mejora de los equipamiento y sistemas de información a los consultorios y puntos de urgencias rurales, con el fin de garantizar la capacidad resolutiva, la interconsulta con Atención Especializada y un modelo efectivo de transporte sanitario. En este sentido también se considera conveniente mejorar la dotación tecnológica de los servicios de atención y las funciones de gestoría. Finalmente, sería importante discriminar positivamente las actividades de investigación y formación de profesionales que ejercen en condiciones de aislamiento y dispersión; así como promover la incentivación profesional para favorecer la permanencia y estabilidad laboral en las áreas rurales[123].

En un sentido similar, el Programa de Desarrollo Rural Sostenible (2010-2014) considera que es necesario fortalecer y mejorar la red de centros de salud de atención primaria, el equipamiento y la formación del personal sanitario, pero también mejorar el tiempo de respuesta y los medios de atención inmediata en caso de urgencias, de forma que permita reducir el tiempo de espera de los potenciales pacientes de todos los núcleos de la zona rural hasta la llegada del medio de transporte (ambulancia UVI o helicóptero) a un máximo de 30 minutos. Respecto a la atención especializada, se plantea la posibilidad de establecer servicios sanitarios especializados itinerantes, al menos en materia de prevención de enfermedades, y en materia de atención a personas de la tercera edad, personas con discapacidad, con dificultades de movilidad, y de atención temprana.

---

121. Esta situación de escasez de servicios sociosanitarios se ha visto fuertemente agravada tras la promulgación de la Ley 27/2013, de 27 de diciembre, de racionalización y sostenibilidad de la Administración Local, norma por la que un amplio abanico de materias, entre las que destacan el empleo, los servicios sociales, la promoción de la igualdad de género, la sanidad, etc., son declaradas como competencias impropias de las Entidades Locales, lo que ha obligado a eliminar este tipo de prestaciones por parte del ámbito municipal. *Cfr.* UCEDA MAZA, F.X. y MARTÍNEZ MARTÍNEZ, L., «Servicios sociales municipales en la Comunidad Valenciana», en ROMERO GONZÁLEZ, J., y BOIX PALOP, A. (Coord.), *Democracia desde abajo. Nueva agenda para el gobierno local,* Universitat de València, Valencia, 2015, p. 221; ALMEIDA CERREDA, M., «El impacto de la Ley 27/2013, de 27 de diciembre, de racionalización y sostenibilidad de la Administración Local, en la distribución de competencias en materia de educación, salud, sanidad y servicios sociales», en *Revista d'estudis autonòmics i federals,* núm. 22, 2015, pp. 219-263.

122. *Vid. op. cit.* CONSEJO ECONÓMICO Y SOCIAL. *El medio rural...,* p. 84.

123. *Vid.* MINISTERIO DE SANIDAD Y CONSUMO, *Marco Estratégico para la mejora de la atención primaria en España: 2007-2012. Proyecto AP-21,* Madrid, 2007, p. 43.

De igual forma, en el mundo rural adquieren una prioridad evidente los servicios de proximidad, y especialmente los servicios sociosanitarios y la atención a las personas mayores. Por ello, el impacto de los ajustes en el sistema de dependencia[124] y del sistema sanitario y el copago en el transporte tienen especial incidencia en el medio rural[125]. La adecuada regulación del sistema de atención a las personas en situación de dependencia[126] es una de las asignaturas pendientes de la protección social en España, pero especialmente en el medio rural, pues a los déficits generales de la misma[127] se une la elevada prevalencia de la misma en las sociedades rurales. Esta situación junto al despoblamiento, la dispersión de los núcleos de población, la baja densidad, la desinformación, la distancia a los servicios de muchas de estas zonas, y la ausencia de transporte público adaptado no solo agravan la situación, sino que llevan a valorar como no rentables la inversión imprescindible para poner en funcionamiento los servicios necesarios para garantizar la de calidad de

---

124. En 2011 solo la mitad de los hogares eran beneficiarios de las prestaciones derivadas de la Ley de dependencia y casi un 20 %, a pesar de haber solicitado alguna de las prestaciones, no la tenía reconocida. Además, un 16 % de los encuestados se encontraba en otras situaciones, tales como: haber solicitado la ayuda, pero no recibir la prestación, estar a la espera de la valoración para ser reconocido como dependiente, o tener reconocida la dependencia, pero aún no disponer de plazo asignada en una residencia. *Cfr.* UNIÓN DE CENTROS DE ACCIÓN RURAL, *Prediagnóstico de la situación de las personas dependientes en el mundo rural*, Madrid, 2011.

125. La estrategia de desarrollo rural sostenible destaca respecto a este tema la necesidad de priorizar las medidas de apoyo a personas dependientes en aplicación de la normativa vigente de autonomía y atención a la dependencia (Directriz 3.5.1), y de incrementar la dotación de plazas y el número de centros de día, centros de noche o residencias para la tercera edad y personas con discapacidad en las zonas rurales (Directriz 3.5.2).

126. Un análisis de la dependencia desde el prisma del Derecho administrativo puede encontrarse en GONZÁLEZ IGLESIAS, M.Á., «Los Entes locales en la legislación y en la política de dependencia», en *Noticias de la Unión Europea*, núm. 303, 2010, pp. 63-69; FERNANDO PABLO, M.M., «El sistema para la autonomía y atención a la dependencia desde una perspectiva constitucional», en *Noticias de la Unión Europea*, núm. 303, 2010, pp. 39-45; FERNÁNDEZ DE GATTA SÁNCHEZ, D., «La política y las acciones de la Unión Europea sobre la dependencia derivada del envejecimiento de la población», en *Noticias de la Unión Europea*, núm. 303, 2010, pp. 3-38.

127. La Ley 39/2006, de Promoción de Autonomía Personal y Atención a las Personas en Situación de Dependencia, configura uno de los avances en materia de política social más significativos del Estado de Bienestar en las últimas décadas en España. Esta norma jurídica, en consonancia con el conjunto de los países europeos, trata de dar respuesta principalmente a las nuevas demandas de cuidados de larga duración como consecuencia del aumento de la esperanza de vida en la población. Uno de los aspectos más novedosos que incorpora la Ley es el derecho subjetivo de ciudadanía a recibir cuidados. De esta manera, se refuerza el papel del Estado en materia de protección social dentro de un modelo facilista donde las familias, y especialmente las mujeres, han actuado tradicionalmente como agente encargado de la provisión del cuidado. *Vid.* MARTÍNEZ LÓPEZ, J.A., «El modelo híbrido de atención a las personas en situación de dependencia en España: una década de cambios normativos y ajustes presupuestarios», en *Revista del Centro Latinoamericano de Administración y Desarrollo. Reforma y Democracia*, núm. 68, 2017, p. 137.

vida, tanto de las personas dependientes como de sus cuidadores. Esta limitación en la disponibilidad de recursos y la inacción de las Administraciones públicas acentúan la necesidad del autocuidado y el papel de la familia en la atención a este grupo[128].

Los servicios bancarios, el comercio y el transporte público son tres de las prestaciones básicas "clave" para mejorar el atractivo de las áreas rurales, así como la sanidad, la educación y el correo, en un entorno poblacional cuya realidad diferenciada se ha vuelto a poner de manifiesto a raíz del confinamiento y la crisis derivada del coronavirus[129].

La LDSMR contaba entre sus principales objetivos con la necesidad de «dotar al medio rural, y en particular a sus núcleos de población, de las infraestructuras y los equipamientos públicos básicos necesarios, en especial en materia de transportes, energía, agua y telecomunicaciones».

La escasez, ausencia o falta de adecuación de un sistema público de transporte que responda a las necesidades de las personas que viven en el medio rural, junto a un modelo de movilidad, basado fundamentalmente en el uso del vehículo privado, limita o excluye de la movilidad a muchas personas, pero sobre todo a jóvenes y mayores[130]. Por tanto, la movilidad es una condición necesaria para la calidad de vida en muchos de los espacios rurales españoles, en la medida en que de esta depende el acceso a los servicios públicos esenciales y de proximidad, pero también la cobertura de las necesidades de la vida cotidiana[131].

El transporte público en muchas zonas rurales se enfrenta a numerosos problemas, entre los que cabe señalar, por un lado, los mayores costes y necesidades de financiación para la prestación de este servicio, pero tam-

---

128. *Vid. op. cit.* CONSEJO ECONÓMICO Y SOCIAL. *El medio rural...*, p. 87.

129. *Cfr.* CAMARERO RIOJA, L.A., «Despoblamiento, baja densidad y brecha rural: un recorrido por una España desigual», en *Panorama Social*, núm. 31, 2020, pp. 47-73.

130. Como afirman NOGUERA TUR y FERRANDIS MARTÍNEZ, «la provisión de servicios e infraestructuras responde a criterios de ahorro y eficiencia. Los mercados rurales no alcanzan, en la mayoría de los casos, el umbral de masa crítico necesario para sostener los servicios de interés general. El resultado es un ciclo de declive que reduce progresivamente los servicios y empleos y, en consecuencia, impulsa a la población a emigrar». *Vid.* NOGUERA TUR, J. y FERRANDIS MARTÍNEZ, A., «Accesibilidad y provisión de servicios de interés general en las áreas rurales de la Unión Europea: un análisis a partir del Eurobarómetro», en *Boletín de la Asociación de Geógrafos Españoles,* núm. 64, 2014, p. 400.

131. Fruto de la importancia que reviste garantizar los servicios de transporte en las áreas rurales, las Directrices Generales de la Estrategia Nacional frente al Reto Demográfico, contemplan la necesidad de desarrollar «un nuevo modelo de movilidad, alineada con los Objetivos de Desarrollo Sostenible de las Naciones Unidas que tenga como ejes centrales la Seguridad, la Sostenibilidad, la Lucha contra el Cambio Climático, la Intermodalidad, la Innovación y la Digitalización, convirtiendo a los usuarios en el elemento central de nuestras políticas de movilidad». *Vid.* COMISIONADO DEL GOBIERNO FRENTE AL RETO DEMOGRÁFICO, *Directrices generales de la Estrategia Nacional frente al Reto Demográfico,* Madrid, 2019, p. 74.

bién, por otro lado, las dificultades para trazar rutas que permitan satisfacer las preferencias de todos los usuarios, especialmente en zonas más despobladas, envejecidas y con una población dispersa.

Esta compleja situación que atraviesan las áreas rurales ha dado lugar a importantes pronunciamientos de las Instituciones comunitarias, entre los que destaca el Dictamen sobre la movilidad en las regiones con desventajas geográficas y demográficas del Comité Europeo de las Regiones. En dicho documento, no solamente se destaca la consideración de la movilidad como un derecho relacionado con la libre circulación de personas reconocida por los Tratados europeos y como condición *sine qua non* para garantizar la calidad de vida de las personas en estas regiones con desventajas, en la medida en que tratan de acceder a los servicios públicos esenciales (como la educación, la sanidad y los servicios sociales), desplazarse diariamente a su lugar de trabajo o buscar oportunidades de empleo, desarrollar actividades de ocio, visitar a sus parientes, adquirir bienes y servicios o ejercer su libertad de viajar más lejos; sino que además se establece la necesidad de desarrollar nuevos enfoques que permitan abordar la financiación del transporte. Estos enfoques podrían incluir la oferta de presupuestos personales de transporte, como, por ejemplo, los «cheques de movilidad»[132], exenciones fiscales para los prestadores de servicios de transporte, o acuerdos de cooperación que permitan a los distintos operadores de transporte compartir vehículos; pero también sustituir el transporte público clásico por un transporte a la carta, y utilizar sistemas de transporte compartido, por ejemplo, mezclando a los escolares con los demás usuarios[133].

---

132. En opinión del Comité Europeo de las Regiones, estos nuevos enfoques en materia de financiación de la movilidad también deben apoyarse en el desarrollo de nuevos instrumentos. En este sentido, podrían aprovecharse los sistemas de transporte inteligentes (STI) y la mejora de las tecnologías de la información y la comunicación para sustituir el transporte público basado en los horarios y las rutas por un transporte a la carta, por ejemplo, con autobuses «de guardia», taxis colectivos o vehículos compartidos. El uso del denominado transporte a la carta permite proporcionar un servicio de transporte público por carretera más eficiente y competitivo y con menos costes, al realizar los servicios en función de la demanda real. Los sistemas de transporte compartido, por ejemplo, mezclando a los escolares con los demás usuarios, también han funcionado bien en algunas regiones remotas, al igual que el fomento de los desplazamientos en bicicleta y a pie. Estos sistemas generan ahorros, reducen la dependencia del uso del automóvil y recortan las emisiones. Lamentablemente, las Administraciones públicas han avanzado escasamente en este sentido, salvo honrosas excepciones. Un ejemplo de esto último lo encontramos en el servicio de taxi colectivo implementado por la localidad de Cereceda de la Sierra, municipio con una población inferior a los 100 habitantes del sur de la provincia de Salamanca que presta un servicio gratuito, pensado especialmente para los más mayores, orientado a garantizar la movilidad de sus vecinos para que puedan recibir la asistencia médica necesaria, ante la ausencia de medios y los crecientes recortes que asolan la comunidad castellanoleonesa en materia de servicios públicos.

133. *Vid.* COMITÉ EUROPEO DE LAS REGIONES, *Dictamen sobre la movilidad en las regiones con desventajas geográficas y demográficas,* Diario Oficial de la Unión Europea 2014/C 415/05.

La escasa rentabilidad y viabilidad, junto a las importantes fluctuaciones en la demanda por parte de los usuarios, e incluso la infrautilización del transporte público en zonas rurales de bajas densidades y poblaciones muy dispersas están provocando que en algunas comunidades autónomas[134] estén desapareciendo las líneas regulares[135], y se haya implantado o se esté implantando un servicio de transporte público a demanda[136]. Este nuevo sistema puede introducir otros medios de transporte público, como taxis o microbuses, bajo demanda; o utilizar las plazas libres en los vehículos destinados a las rutas de transporte escolar, e incluso diseñar las rutas en función de la localización de diferentes servicios básicos especializados y de proximidad (servicios sanitarios especializados, centros de educación secundaria y superior, servicios de empleo, servicios sociales, bancos, servicios administrativos, comercios, etc.), con el objeto de dar servicios a pequeñas localidades[137].

Ante esta tesitura, y de forma paralela, numerosas Entidades Locales[138] han promovido diversos intentos orientados a paliar las carencias derivadas del alcance limitado del impulso del transporte a la demanda en las áreas rurales, así como de la progresiva supresión de líneas regulares de transporte —constante que se reproduce de forma dramática en los últimos años—, pero los resultados fueron negativos en la mayor parte de

---

134. Castilla y León, Castilla-La Mancha, Navarra, Galicia, y Andalucía.

135. El transporte de viajeros constituye en el medio rural un servicio indispensable cuyas necesidades reales distan mucho de encontrarse cubiertas por las líneas regulares. Los desplazamientos hacia centros comarcales y ciudades son consustanciales a la vida en las pequeñas localidades, dependiendo buena parte del abastecimiento de sus habitantes de la utilización de vehículos propios o del transporte público. *Vid.* DELGADO URRECHO, J.M. y MARTÍNEZ FERNÁNDEZ, L.C., «El transporte a la demanda como sistema de movilidad alternativo en áreas rurales de baja densidad demográfica: el caso de Castilla y León», en *Boletín de la Asociación de Geógrafos Españoles,* núm. 72, 2016, p. 198.

136. En efecto, ante esta problemática la articulación de sistemas de transporte a la demanda se presenta como una alternativa cierta, especialmente útil para prestar servicios de transporte público en zonas rurales o de escasa demanda de pasajeros, donde el servicio regular de viajeros puede no ser viable. Algunas comunidades autónomas han optado por desplegar esta modalidad de actividad prestacional, pero su éxito ha sido cuanto menos, relativo. Un claro ejemplo de ello lo encontramos en el servicio público de Transporte a la Demanda de la Junta de Castilla y León, el cual emplea las TIC para adaptarse de manera eficiente a las necesidades reales de los usuarios del transporte público regular de viajeros de uso general por carretera en el medio rural.

137. En este sentido es importante determinar el grado de proximidad a las ciudades de las zonas rurales, ya que incide en el acceso a los servicios públicos o privados por parte de la población que los habita.

138. *Vid.* SÁEZ PÉREZ, L.A., AYUDA BOSQUE, M.I. y PINILLA NAVARRO, V.J., «Pasividad autonómica y activismo local frente a la despoblación en España: el caso de Aragón analizado desde la Economía Política», en *Ager: Revista de estudios sobre despoblación y desarrollo rural,* núm. 21, 2016, pp. 11-41.

los casos, salvo en el aspecto relativo al transporte escolar[139]. Este fracaso generalizado se debe, en parte, a la reducida disponibilidad presupuestaria con la que cuenta la actuación municipal, siendo necesario para el impulso de este tipo de servicios la articulación de programas de subvenciones procedentes de otras Administraciones públicas (Diputaciones provinciales, administración autonómica, etc.). Además, la puesta en marcha de esta tipología de iniciativas locales suele confrontar con numerosos obstáculos normativos, en muchos casos insalvables, así como con la siempre compleja configuración y distribución del poder territorial, factores determinantes que influyen de forma decisiva en el comportamiento demográfico[140] y en la ordenación del territorio[141].

Urge, por tanto, impulsar las transformaciones jurídico-administrativas pertinentes para garantizar la prestación efectiva de los servicios públicos básicos y de la movilidad, algo que pasa necesariamente por reconstruir la idea de servicio público universal y repensar la efectividad y eficacia de la imposición de obligaciones de servicio universal a los prestadores de transporte como presupuesto para garantizar la movilidad en el medio rural[142].

---

139. *Vid. op. cit.* DELGADO URRECHO, J.M. y MARTÍNEZ FERNÁNDEZ, L.C., «El transporte a...», p. 203.

140. *Vid.* MATEOS CRESPO, J.L., «Organización territorial, prestación de servicios públicos y despoblación: ¿una estrecha relación?», en FERNANDO PABLO, M.M. y DOMÍNGUEZ ÁLVAREZ, J.L. (Dirs.), *Rural Renaissance: Derecho y Medio rural,* Thomson Reuters-Aranzadi, Cizur Menor, 2020, p. 260.

141. La Carta Europea de Ordenación del Territorio de 1983, definió esta cuestión como «una técnica científica, una técnica administrativa y una política concebida como un enfoque interdisciplinario y global cuyo objeto es un desarrollo equilibrado de las regiones y la organización física del espacio según un concepto rector».

142. Recientemente, el Comité Europeo de las Regiones ha reiterado la importancia de garantizar los servicios públicos básicos y de la movilidad. En dicho texto se insta a los gobiernos a impulsar políticas destinadas a mantener los centros de enseñanza en zonas rurales aisladas, a que los ajustes en las estructuras que es necesario proceder en las regiones con una población en disminución se lleven a cabo de tal manera que quienes permanezcan en ellas, a menudo personas mayores, sigan teniendo acceso a los servicios que se derivan de sus derechos fundamentales y a adaptar las políticas de transporte y otras medidas específicas para garantizar la movilidad con enfoques innovadores, como es el caso del «transporte a demanda». *Vid.* COMITÉ EUROPEO DE LAS REGIONES, *La respuesta de la Unión Europea al reto demográfico*, DOUE 2017/C 017/08.
En igual sentido incide la Resolución del Parlamento Europeo, de 14 de noviembre de 2017, sobre el despliegue de los instrumentos de la política de cohesión por parte de las regiones para afrontar el cambio demográfico, 2016/2245(INI).

CAPÍTULO IV

EL DERECHO FUNDAMENTAL A LA EDUCACIÓN EN EL MEDIO RURAL

Solía decir Immanuel Kant que «la educación es el problema más grande y difícil que puede ser propuesto al hombre»[143]. No puede sorprendernos que uno de los más grandes pensadores de la historia de la humanidad viera con tanta clarividencia la importancia de la educación, pues la educación es, sin lugar a dudas, una de las más importantes instituciones sociales[144]. Esta idea de educación como institución social fue formulada, por primera vez, por el sociólogo francés Émile Durkheim, para el cual «la educación consiste en una socialización metódica de la generación joven»[145].

Nuestro ordenamiento jurídico promulga el derecho a la educación en el art. 27 CE, según el cual, todos los ciudadanos tienen el derecho a la educación (art. 27.1 CE), cuyo objeto no es otro que alcanzar el pleno desarrollo de la personalidad humana en el respeto a los principios democráticos de convivencia y a los derechos y libertades fundamentales (art. 27.2 CE). Para alcanzar este mandado constitucional se establece la obligación de los poderes públicos de garantizar el citado derecho, mediante el diseño de una programación general de la enseñanza, con participación efectiva de todos los sectores afectados y la creación de centros docentes (art. 27.5 CE).

En lo que respecta al impulso de la educación en el medio rural, cuestión que trataremos de abordar en las próximas líneas, el art. 28 LDSMR señala la posibilidad de los poderes públicos de acometer una serie de actuaciones con el objeto de intensificar la prestación de servicios públicos en el medio rural, concretamente en materia de educación pública, servicio básico

---

143. *Vid.* KANT, I., *Pädagogik,* 1804 [traducción al castellano de L. Luzuriaga en Kant, Pestalozzi y Goethe sobre educación, Madrid].

144. *Cfr.* DELVAL, J., *Los fines de la educación,* Siglo Veintiuno de España Editores, Madrid, 1996.

145. *Vid.* DURKHEIM, É., «Educación». Artículo para el Nuevo diccionario de pedagogía y de instrucción primaria, dirigido por F. BUISSON, París, 1911 [traducción al castellano de A. Pestaña en *Sociología y educación*, Ediciones de La Lectura, Madrid.]

e imprescindible para garantizar el futuro de la juventud en el ámbito rural. Entre estas medidas podemos destacar las siguientes:

a) El mantenimiento de una adecuada escolarización en los municipios rurales, mediante programas de extensión de la escolarización infantil, de mejora de los resultados educativos de la enseñanza obligatoria, y de fomento del acceso a niveles educativos superiores, prestando una atención preferente a los alumnos de zonas rurales prioritarias y a los inmigrantes.

b) Atención a la diversidad del alumnado y, en particular, a los alumnos con necesidades educativas especiales y con discapacidad.

c) La mejora y ampliación del equipamiento de los centros públicos educativos, para atender adecuadamente a los alumnos de la enseñanza reglada, especialmente en los municipios rurales de pequeño tamaño, y facilitar su utilización para actividades culturales, educativas y sociales por el conjunto de la población[146].

d) La potenciación de la formación profesional de los jóvenes y las mujeres, mediante programas adecuados de formación reglada complementados con formación ocupacional, especialmente en nuevas tecnologías y en técnicas de empleo deslocalizado, y con prácticas incentivadas en empresas del medio rural.

e) El fomento de la práctica deportiva, mejorando las infraestructuras deportivas, especialmente en las zonas rurales prioritarias, ordenando los espacios de actividad deportiva en el medio natural y favoreciendo la integración de estas actividades con el turismo rural.

Ahora bien, conviene recordar que el carácter de servicio básico de la educación hace que no solo las leyes y las políticas desarrolladas específicamente en el ámbito rural tengan en cuenta este servicio, sino que la propia normativa sectorial considera las especificidades del medio rural en materia educativa.

En este sentido, la Ley Orgánica 2/2006, de 3 de mayo, de Educación (LOE) contempla el derecho del alumnado que reside en zonas rurales a recibir un servicio educativo con los mismos niveles de calidad que el que se presta en el resto del territorio nacional, enmarcándola dentro de las políticas de educación compensatoria con el fin de paliar las desigualdades geográficas existentes, correspondiendo a las Administraciones educativas adoptar medidas singulares en aquellos centros escolares o zonas geográficas necesarias[147].

---

146. En esta misma línea se ha manifestado ya la Unión Europea. *Vid.* Resolución del Parlamento Europeo, de 10 de mayo de 2016, sobre nuevas herramientas de desarrollo territorial en la política de cohesión para el periodo 2014-2020: inversión territorial integrada (ITI) y desarrollo local participativo (DLP) (2015/2224(INI)). Puede consultarse en: https://bit.ly/33BgNBb

147. Por su parte, y sin derogar lo establecido por la LOE, la Ley Orgánica 8/2013, de 9 de diciembre, para la Mejora de la calidad educativa precisa que en los programas de coo-

Por su parte, y sin derogar lo establecido por la LOE, la Ley Orgánica 8/2013, de 9 de diciembre, para la Mejora de la Calidad Educativa (LOMCE) precisa que en los programas de cooperación territorial se valorará especialmente el fenómeno de la despoblación de un territorio, así como la dispersión geográfica de la población, la insularidad y las necesidades específicas que presenta la escolarización del alumnado de zonas rurales.

La citada norma prosigue su exposición señalando que, cuando no sea posible escolarizar al alumnado en su municipio de residencia o zona de escolarización, para garantizar la calidad de la educación básica, esta escolarización se efectuará en el municipio más próximo en el que la escolarización sea posible; y, en este caso, las Administraciones educativas deberán prestar, de manera gratuita, el correspondiente servicio de transporte escolar, y, en su caso, los servicios de comedor e internado.

En este sentido, los Centros Rurales Agrupados (CRAS), que imparten enseñanzas de educación infantil y primaria, constituyen el modelo organizativo más extendido de atención educativa en aquellos municipios que cuentan con poblaciones escolares muy reducidas[148]. En estos centros las aulas integran a alumnado de distintas edades de manera bastante habitual y el número de personas por grupo suele ser más reducido. En España, durante el curso 2014-2015 se escolarizaron en este tipo de centros a casi 79.000 alumnos y alumnas, un 1,8 % del total matriculado en estas enseñanzas[149].

Sin embargo, para el alumnado que cursa enseñanzas secundarias no es posible habilitar fórmulas similares a los CRAS[150], porque esta etapa educativa requiere unas condiciones de profesorado e instalaciones diferentes. En tales casos se opta por agrupar al alumnado de una misma zona geográfica en un municipio central, aunque en función de la gran diversidad del medio rural en España, las distintas Administraciones educativas han desarrollado actuaciones muy heterogéneas para atender a este alumnado. Los corres-

---

peración territorial se valorará especialmente el fenómeno de la despoblación de un territorio, así como la dispersión geográfica de la población, la insularidad y las necesidades específicas que presenta la escolarización del alumnado de zonas rurales.

148. En torno a la escuela rural, *vid.* BOIX, R., «Escuela rural y territorio: entre la desruralización y la cultura local», en *Revista Digital eRural, educación, cultural y desarrollo rural*, vol. 1, núm. 1, 2003, pp. 1-8; BUSTOS JIMÉNEZ, A., «La escuela rural española ante un contexto en transformación», en *Revista de Educación*, vol. 350, 2009, pp. 449-461; CORCHÓN ÁLVAREZ, E., *La escuela rural: pasado, presente y perspectivas de futuro*, Oikos-Tau, Barcelona, 2000; JEAN, Y., y CHAMPOLLION, P., «Espaces ruraux français et écoles», en JEAN, Y. (Dir.): *Géographies de l'école rural: acteurs, réseaux, territoires*, Ophrys, París, 2007, pp. 15-58; DEL BARRIO ALISTE, J.M., «¿Existe la escuela rural?, en *Cuadernos de pedagogía*, núm. 251, 1996, pp. 85-89, etc.

149. *Vid.* CONSEJO ESCOLAR DE ESTADO, *Informe sobre el sistema educativo*, Madrid, 2016.

150. En torno a esta cuestión, *vid.* MORALES ROMO, N., «La política de concentraciones escolares en el medio rural: repercusiones desde su implantación hasta la actualidad», en *Ager: Revista de estudios sobre despoblación y desarrollo rural*, núm. 14, 2013, pp. 145-188.

pondientes servicios de transporte, comedor y, en su caso, de residencia deben asegurar su acceso diario a estos centros.

Por su parte, la Ley Orgánica 3/2020, de 29 de diciembre, por la que se modifica la Ley Orgánica 2/2006, de 3 de mayo, de Educación (LOMLOE) viene a redoblar la apuesta del conjunto de las Administraciones públicas por el fortalecimiento de la escuela rural. Sin ir más lejos, como se desprende de su exposición de motivos

«[...] la educación pública constituye el eje vertebrador del sistema educativo. Con ese propósito, entre otras medidas, se insiste en la atención especial que las Administraciones educativas deben prestar a la escuela rural, proporcionándola los medios y sistemas organizativos necesarios para atender a sus necesidades, y favoreciendo la permanencia en el sistema educativo de los jóvenes de las zonas rurales e insulares más allá de la educación básica».

Más importantes resultan todavía, las previsiones contempladas en la vigente redacción del art. 9, otorgada por la norma objeto de estudio, en relación a los programas de cooperación territorial. De conformidad con el meritado precepto legal, el Ministerio competente en materia de educación promoverá programas de cooperación territorial con el fin de alcanzar los objetivos educativos de carácter general referidos al alumnado, profesorado y centros, reforzar las competencias de los estudiantes, favorecer el conocimiento y aprecio por parte del alumnado de la riqueza cultural y lingüística de las distintas Comunidades Autónomas, así como contribuir a la solidaridad interterritorial y al equilibrio territorial en la compensación de desigualdades.

A tal fin, en los programas de cooperación territorial se tendrá en cuenta, como criterio para la distribución territorial de recursos económicos, la singularidad de estos programas en términos orientados a favorecer la igualdad de oportunidades. Se valorarán especialmente el volumen de alumnado escolarizado en relación con los objetivos del programa en los centros públicos y privados concertados, las zonas rurales o urbanas desfavorecidas socialmente, la despoblación o dispersión demográfica y la insularidad.

Sin embargo, el jalón normativo más relevante para la pervivencia y fortalecimiento de la escuela rural lo representa el art. 82 LOE, relativo a la igualdad de oportunidades en el ámbito rural, cuya última versión queda redactada en los siguientes términos:

«1. Las Administraciones educativas prestarán especial atención a los centros educativos en el ámbito rural, considerando las peculiaridades de su entorno educativo y la necesidad de favorecer la permanencia en el sistema educativo del alumnado de las zonas rurales más allá de la enseñanza básica. A tal efecto, las Administraciones educativas tendrán en cuenta el carácter específico de la escuela rural proporcionándole los medios y sistemas organizativos necesarios para atender a sus necesidades particulares y garantizar la igualdad de oportunidades.

2. En la educación primaria, las Administraciones educativas garantizarán a todos los alumnos un puesto escolar gratuito en su propio municipio o zona de escolarización establecida.

Sin perjuicio de lo dispuesto en el párrafo anterior, en la educación básica, en aquellas zonas rurales en que se considere aconsejable, se podrá escolarizar a los niños en un municipio próximo al de su residencia para garantizar la calidad de la enseñanza. En este supuesto las Administraciones educativas prestarán de forma gratuita los servicios escolares de transporte y, en su caso, comedor e internado.

La planificación del transporte del alumnado a su centro se realizará minimizando el tiempo de desplazamiento.

3. Las Administraciones educativas impulsarán el incremento de la escolarización del alumnado de zona rural en las enseñanzas no obligatorias. Así mismo procurarán una oferta diversificada de estas enseñanzas, relacionada con las necesidades del entorno, adoptando las oportunas medidas para que dicha oferta proporcione una formación de calidad, especialmente con programas de formación profesional vinculados a las actividades y recursos del entorno, en los centros de educación secundaria y formación profesional de las áreas rurales.

4. Para garantizar la igualdad de oportunidades en el ámbito rural, se realizará un ajuste razonable de los criterios para la organización de la optatividad del alumnado de educación secundaria en los centros que por su tamaño pudieran verla restringida.

5. Las administraciones educativas facilitarán la dotación de los centros del ámbito rural con recursos humanos suficientes y fomentarán la formación específica del profesorado de las zonas rurales, favoreciendo su vinculación e identificación con los proyectos educativos del centro. Asimismo, dotarán a la escuela rural de materiales de aprendizaje y de recursos educativos en Internet.

Por otro lado, se impulsará la realización de prácticas en los centros educativos del medio rural por parte de estudiantes universitarios y de formación profesional.

6. La planificación de la escolarización en las zonas rurales deberá contar con recursos económicos suficientes para el mantenimiento de la red de centros rurales, el transporte y comedor del alumnado que lo requiera y el equipamiento con dispositivos y redes informáticas y de telecomunicación y acceso a Internet».

Según el diagnóstico del medio rural realizado por el Programa de Desarrollo Rural Sostenible[151], las deficiencias en cuanto a las infraestructuras educativas en el medio rural se manifiestan fundamentalmente en la enseñanza secundaria; pues a nivel global únicamente el 50 % de la población española tiene acceso a un centro de enseñanza secundaria dentro de su municipio de residencia.

Por otro lado, aunque no existen datos sobre las ayudas y el importe de los servicios complementarios (transporte, comedor y residencia) específicos del medio rural, como ya señaló el Consejo Económico y Social de España, el

151. *Vid.* GOBIERNO DE ESPAÑA, *Programa de Desarrollo Rural Sostenible (2010-2014), Situación y diagnóstico del medio rural en España*, Madrid, 2010.

descenso del número de ayudas e importe destinado a estos servicios, excepto en las enseñanzas básicas, ha sido bastante generalizado desde el inicio de la crisis económica. Este descenso, sin duda ha tenido su repercusión en el medio rural, donde este tipo de servicios son, aun si cabe, más necesarios[152].

Por otra parte, hay que señalar que algunos indicadores muestran unos peores resultados educativos en las zonas rurales respecto a las urbanas[153]. Las diferencias respecto al abandono educativo temprano —principal problema derivado de la inexistencia de estudios de enseñanza secundaria en el medio rural— podrían responder, entre otras cuestiones, a las disparidades existentes entre unas áreas y otras en cuanto a los beneficios de un mayor nivel educativo en términos de mejores oportunidades de empleo cualificado; a los costes directos e indirectos de proseguir la formación y a diferentes características poblacionales.

Urge señalar que, según los datos facilitados por Eurostat, España lidera la tasa de abandono escolar temprano en la Unión Europea, un indicador que expresa la proporción de jóvenes de 18 a 24 años que como mucho terminó la Educación Secundaria Obligatoria (ESO) y no está estudiando. En España alcanza el 17,9 % (el 7 % del total de jóvenes de esas edades ni siquiera obtuvo el título de ESO), casi la mitad que hace 15 años, pero muy por encima de la media europea, situada en el 11,9 %. Solo Malta (17,5 %) y Rumanía (16,4 %) presentan niveles similares[154].

Según las estadísticas de Eurostat, las zonas urbanas suelen registrar porcentajes relativamente bajos de abandono prematuro de la educación y la formación. Por el contrario, el porcentaje de abandono prematuro suele ser relativamente elevado en las zonas remotas y periféricas —en particular, en algunas regiones del sur de Europa—, en las que los estudiantes pueden verse obligados a dejar su hogar si desean seguir una especialización particular, mientras que aquellos que permanecen en la misma región solo pueden encontrar un número relativamente reducido de oportunidades de educación superior. Trasladarse a otro lugar con fines educativos supone una considerable carga económica para las familias. De acuerdo con el Anuario Regional de Eurostat para 2015, «en las capitales suele haber un gran número y una amplia variedad de empleos dirigidos a titulados, por lo que no es sorprendente que muchas regiones de la UE en las que se sitúa la capital del país registren una alta proporción de ciudadanos de entre 30 y 34 años con estudios de nivel superior»[155]. Además, las oportunidades de aprendizaje perma-

---

152. *Vid. op. cit.* CONSEJO ECONÓMICO Y SOCIAL. *El medio rural...*, p. 81.

153. *Cfr.* MINISTERIO DE EDUCACIÓN E INSTITUTO NACIONAL DE EVALUACIÓN EDUCATIVA, *El abandono educativo temprano: análisis del caso español,* Madrid, 2013.

154. *Vid.* EUROSTAT, *Europe 2020 indicators-poverty and social exclusion,* Luxemburgo, 2018.

155. *Vid.* SERVICIO DE ESTUDIOS DEL PARLAMENTO EUROPEO, *Zonas escasamente pobladas y regiones con baja densidad de población,* Bruselas, 2016.

nente que contribuyen a la diversificación profesional no siempre son de fácil acceso en las zonas escasamente pobladas y las regiones con baja densidad de población, por ello, algunas regiones de este tipo han apoyado de forma activa la creación de instituciones de enseñanza superior en su territorio para afrontar estos retos.

Sin embargo, pese a la elevada tasa de abandono escolar temprano existente en el medio rural, problemática que deriva como ya hemos señalado de la inexistencia de oportunidades para acceder a enseñanzas secundarias en el medio rural o de los elevados costes de acceso a las mismas —falta de infraestructuras, elevadas distancias, etc.— hay que señalar los buenos rendimientos educativos según el estudio internacional PISA del alumnado de Castilla y León, donde casi la mitad (48 %) está matriculado en un centro educativos ubicados en localidades de menos de 10.000 habitantes[156]. Sin embargo, la falta de datos actualizados impide conocer la evolución de la escuela rural, ya que el último informe PISA (2022) no analiza explícitamente las escuelas rurales como una categoría diferenciada. No obstante, si incluye datos que pueden relacionarse con el contexto rural. Los resultados muestran que, en general, la escuela rural en España, y en otros países, a menudo enfrenta desafíos como la falta de acceso a recursos y tecnología, así como dificultades en la contratación y retención de docentes. Sin embargo, también se destacan las ventajas de la escuela rural, como la atención más personalizada y el fuerte vínculo con la comunidad y la naturaleza.

Por consiguiente, la despoblación rural obliga a los encargados de la planificación educativa, en particular en países de ingresos altos, a consignar una asignación eficiente de los recursos para garantizar el bienestar de las comunidades concernidas. Cuando contemplan fusionar escuelas para acrecentar la eficiencia, los poderes públicos deben tener en cuenta el importante papel social que las escuelas desempeñan en las comunidades, amén de otros beneficios. El análisis de datos del Programa Internacional de Evaluación de Estudiantes 2015 mostró que los alumnos de escuelas más pequeñas presentaban menos problemas de disciplina, ausentismo e impuntualidad[157].

En definitiva, hoy más que nunca se hace necesario potenciar la educación como elemento imprescindible para combatir la despoblación del medio rural, orientando la actuación de los poderes a la consecución de los intereses generales y reduciendo significativamente la desigualdad territorial[158].

---

156. *Cfr.* MINISTERIO DE EDUCACIÓN, *Resultados del Programa para la Evaluación Internacional de Alumnos (PISA) de la OCDE,* Madrid, 2015.

157. *Vid.* ORGANIZACIÓN DE LAS NACIONES UNIDAS PARA LA EDUCACIÓN, LA CIENCIA Y LA CULTURA, *Informe de seguimiento de la educación en el mundo*, París, 2019.

158. Como señala MORALES ROMO, N., «Cierre de las escuelas en entornos rurales ¿por o para el despoblamiento?, en Revista PH, núm. 98, 2019, pp. 20-23, la relevancia de la escuela para los pueblos es innegable, pues posee «un valor simbólico importante en la autoes-

Parece lógico que, en un Estado social y democrático de Derecho como el nuestro, donde los ciudadanos están obligados a soportar idénticas obligaciones administrativas y tributarias, estos dispongan a su vez de los mismos derechos, y lo que es más importante, de las mismas oportunidades. En caso contrario, las instituciones estarán minorando el bienestar y la calidad de vida de las comunidades rurales, incentivando con ello el abandono del territorio con el elevado coste social que ello conlleva.

tima de los municipios por considerar el cierre de la escuela un indicador fundamental de su decadencia, además de ser un servicio valorado por familias jóvenes en sus dinámicas de asentamiento poblacional».

CAPÍTULO V

LA ESCUELA RURAL Y EL PORVENIR DEL PUEBLO: EL EJEMPLO DE CERECEDA DE LA SIERRA A PROPÓSITO DE SU CENTENARIO

1. Breves apuntes cronológicos acerca de la génesis de la escuela rural

Con la llegada de la dictadura del general Primo de Rivera en 1923 se produce el nombramiento de Vicente De Paul como alcalde de Cereceda de la Sierra. Este nombramiento traería una época de prosperidad y desarrollo para la localidad.

Quizá el objetivo principal de su mandato como primer edil es la construcción de unas nuevas escuelas, dado el lamentable estado en que se encontraban las anteriores, situadas en los bajos del ayuntamiento. Llevan denunciadas más de 75 años ante la Inspección y ante las autoridades educativas, concretamente desde 1858. Otros ayuntamientos anteriores lo habían intentado, como se ve de manera infructuosa, por las más diversas razones.

Aparece como problema grave y se empiezan a dar pasos para solucionarlo. El ayuntamiento compra un trozo de la Jacera al propietario de esta, que vive en Garcibuey. Lógicamente el propietario en principio no quiere desprenderse del terreno y el ayuntamiento amenaza con expropiar toda la finca y de esa manera cede previo pago de 2.500 pesetas el local para crear las escuelas y los patios anejos para recreos.

Sale la obra a subasta y se adjudica a una cuadrilla de El Maíllo, que figuran con el nombre de los Fichas. Se realiza la obra con celeridad y se inauguran en el mismo año de 1925.

Al acto de inauguración se invita al delegado gubernativo del Partido de Sequeros, que correspondió a un maestro de Sequeros de nombre Domingo. También intervino como orador en representación del pueblo de Cereceda un ilustre maestro nativo de la localidad, Saturnino Aparicio, que se estrenó como orador.

Eran dos aulas adosadas: una escuela de niñas y otra de niños, con un pequeño patio cubierto y un pequeño local adyacente cada uno, para almacén o para guardar elementos de limpieza o material viejo o deteriorado. Además, las aulas contaban con un amplio patio de recreo, donde los propios escolares se han encargado de plantar algunos pinos piñoneros, y maderables, así como ailantos, acacias y numerosos rosales. Todo ello rodeado por una pared con valla y una puerta de acceso artesanal de hierro.

Para completar una buena escuela estaba la parte humana del asunto: dos maestros extraordinarios que formaron a nuestros padres, madres y abuelos, abuelas en los valores cívicos, educativos, morales y éticos. Todos hemos oído hablar a nuestros progenitores de Dña. Herminia y de D. Valentín. Matrimonio volcado en la educación y sobre todo en la promoción del pueblo, estableciendo clases nocturnas, dando charlas, conferencias o estableciendo una biblioteca ambulante. Estuvieron destinados en la localidad desde la inauguración de las escuelas hasta que se inició la Guerra Civil.

Paralelamente a las escuelas, desde el ayuntamiento se crea un campo de experimentación para escolares, que se ofreció, en principio, junto a la fuente La Mocarria, y terminó proponiéndose cerca de La Poza, entre las dos carreteras. Así mismo se construye un vivero municipal de plantas que los que peinamos canas ubicamos entre la Jacera de los Peroles y el Majadal, muy cerca de la parte alta de La Era.

Los árboles sembrados en el patio escolar se asignan uno a cada niña o niño que como obligación se impone el regarlos con cierta frecuencia.

A partir de esta fecha se celebra el Día del Árbol con las escuelas recién construidas participando activamente todo el pueblo al lado de los pequeños. Unos siembran más árboles, otros leen poesías, o entablan diálogos entre ellos, haciendo el acto muy participativo.

2. El protagonismo de nuestros maestros, servidores públicos abnegados

La llamada Ley Moyano que entró en vigor en el 17 de agosto del año 1857 fue la primera ley de España que reguló la educación en nuestro país y establece la obligatoriedad y gratuidad de la llamada educación elemental (o primaria) y con diversas modificaciones fue la base del sistema educacional español a lo largo de muchos años, yo diría durante más de un siglo (hasta 1970). Dicha ley se rige por los principios siguientes:

1. La educación elemental era obligatoria y gratuita para todas las niñas y niños entre 6 y 9 años.

2. Dividió la educación en tres niveles: elemental, superior (secundaria) y profesional.

3. Se establece la creación de escuelas públicas y privadas bajo control estatal. Los ayuntamientos y provincias son los responsables de la creación y mantenimiento de escuelas y del pago a los maestros.

4. Los ayuntamientos son los que crean y mantienen las escuelas y pagan a los maestros.

5. Para ejercer de maestro se requería tener el titulo correspondiente y establecer una carrera profesional.

6. Unificación de los libros de texto, marcados por el Consejo de Instrucción Pública.

Ese año de 1857 la provincia de Salamanca tenía 486 escuelas de niños y 15 escuelas de niñas con un alumnado total de 18.300 niños/as. Unos años más tarde había 607 escuelas de niños y 128 de niñas de las cuales unas 147 en total estaban sin maestro nombrado.

En el Boletín Oficial de Instrucción Pública, que recogía los nombramientos la primera noticia de la escuela de Cereceda es el nombramiento de D. José Reyes Montero, en enero de 1861.El día 10 de abril de ese mismo año se nombra a D. Juan Sánchez.

Los primeros años son movidos en la escuela. En agosto de 1862 se nombra a D. Felipe Miguel García. Al año siguiente se nombra a D. Luis Hernández, y al año siguiente comienza a regir la escuela D. Manuel Rodríguez S. Miguel hasta mayo de 1865, en que llega a la localidad D. Lucas Hidalgo.

Las vacantes las publicaba el Rector de la Universidad de Salamanca, pero su provisión la hacía la Junta de Instrucción Pública.

La escuela estaba ubicada en los bajos del ayuntamiento, en lo que después fue salón de baile, llegando a estar hasta las nuevas que ahora conmemoramos, unos 70 años después.

Cereceda por aquella época tenía menos de 500 habitantes. Si hubiera tenido más de 500 habitantes se habrían creado dos escuelas.

Los días lectivos eran de lunes a sábado.

Como la ley marcaba, los niños entraban a los seis años y permanecían hasta los nueve de edad. La enseñanza no era obligatoria y podían recibirla en sus casas.

Nunca se habla de maestras, lo que lleva a pensar en una escuela mixta pero regentada por un maestro.

Como hemos dicho antes, al maestro le pagaban los padres o madres, que no fueran pobres de solemnidad, que había varios y el ayuntamiento mandaba el dinero a Salamanca y el habilitado pagaba directamente al maestro.

El sueldo era de 1240 reales más casa para compensar las retribuciones. Esto llegó hasta el año 1900 en que pasan a cobrar del estado siendo ministro de Instrucción Pública el Conde de Romanones.

El día 20 de febrero de 1866 aparece publicado en el Boletín de Primera Enseñanza una denuncia del maestro:

Como tal se nos denuncia la situación en que están los niños y niñas de Cereceda de la Sierra. Una de las paredes tiene una gran hendidura de dos metros lo menos de larga, o sea desde el piso al doble, y además dos de las vigas, las que sostienen la techumbre y la que monta en la puerta de entrada se hallan casi sueltas, porqué apenas tienen apoyo en las paredes. Anunciamos como ruinoso el local de la escuela de dicho pueblo y lo denunciamos a las autoridades competentes.

El pobre maestro estaría asustado, mirando para el techo todo el rato por si veía una viga moverse, y los niños inconscientes del peligro que corrían cada instante de permanecer en la escuela.

Pues desde esta fecha de 1866 hasta 1925 transcurren unos 60 año de incertidumbre y desasosiego para maestro y padres. Por eso era tan perentorio el hacer las aulas nuevas evitando riesgos a los pequeños y a sus familiares.

Es un dato importante, ya que permite presumir que solo hay una escuela y por tanto la población es menor de 500 habitantes, ya que, en caso contrario, al pasar de 500 almas era obligatorio tener un aula de niñas y otra de niños. Y otra conclusión: el encargado de mantener la escuela es el municipio y como se ve no hay medios materiales para aminorar o solucionar la patética situación denunciada por el maestro.

En el año 1899 ya aparecen dos maestros destinados, o mejor un maestro y una maestra. Son Dña. Sofía Aparicio Juanes y su marido D. Ceferino Bermejo. Esta maestra procedía de la provincia de Cuenca. Con posterioridad llega Dña. Ramona, que falleció en nuestra localidad.

En el Boletín citado figuran algunas excedencias como la de la maestra Dña. Consuelo Sánchez.

En el año 1925 esta escuela de Cereceda —oficialmente— pasa de incompleta a completa, ya que la localidad tiene 517 habitantes.

Tras la inauguración el primer nombramiento es el de Dña. María Henar de Paula Pardal y tras de D. Valentín, fue destinado D. José Rosas.

Estaban en plena Guerra incivil, y los acontecimientos sitúan a los maestros titulares en Madrid, sin posibilidades de regresar a Cereceda, por lo que vino D. José. Esta situación le afectó duramente pues alguno de sus hijos murió y este hecho le repercutió en gran manera. Alguno de sus alumnos habla de buen maestro, pero la memoria era frágil y cuando recordaba a sus seres queridos lloraba sin consuelo: normal y humano.

Años después es destinado por primera vez D. Lamberto López, ya lo fue otra vez posterior tras pasar por la escuela D. Mariano Ascandoni, que posteriormente fue jefe de Correos.

En la parte femenina estarían Dña. Maruja y Dña. Mari, de Herguijuela y Dña. Escolástica de Abusejo con que suprimieron la de niños en la que estuvieron D. Ángel, D. Nicolas, D. Juan Francisco. Seguro que faltan maestras y maestros en esta pequeña reseña.

Unos 56 años desde la inauguración, en 1981 ya no quedan niñas ni niños, por la emigración hacia el País Vasco, Madrid, Sevilla o Salamanca, por lo que se cierra la escuela siendo su última titular Dña. María del Pilar Marcos Cascón.

3. La relevancia de la gestión municipal en la vida de las comunidades rurales

Esta historia comienza un poco antes de la creación de las escuelas. Comienza con la designación de Vicente de Paul el día 1 de enero de 1912 como nuevo alcalde por el voto favorable de la totalidad de los concejales.

En su mente tiene varios proyectos como las comunicaciones por carretera, la sanidad, la adecuación de las escuelas, la puesta en marcha de la electricidad en el municipio y sobre todo la defensa del territorio municipal, ya que tenía problemas con El Cabaco y enfrentamientos con Arroyomuerto. Nada más comenzar su mandato intenta abordar el problema con Arroyomuerto solicitando el deslinde oficial, ya que las relaciones entre ambas localidades estaban siendo difíciles.

Hasta el punto de que por los llamados «Praos del Horno» pudo haber una tragedia. Ocurrió el domingo de Pascua de 1912, al regresar de comer el hornazo como siempre se ha hecho por los más pequeños. El ayuntamiento consideraba que el ganado del pueblo vecino estaba pastando en el territorio de Cereceda de la Sierra, en los prados del Horno, que se consideraba municipal, y trajo hasta el pueblo las cabras de Arroyomuerto. Las autoridades del pueblo vecino responden llevando hasta su localidad la boyada de Cereceda, asustando al propio vaquero que huyo por el Codorro atemorizado.

Estos dos hechos alarmaron a ambas localidades y se pusieron en pie de guerra. Las personas con escopetas o pistolas los niños, jóvenes y adultos con herramientas, ofensivas y defensivas acuden al rescate como si de una guerra se tratase. El sacerdote de Cereceda, D. Francisco Sánchez Inestal, que parece ser era buena persona, pero un poco temperamental iba en cabeza. Se dirigen hasta la raya del Teso Alto. Los vecinos no se amedrentaron y salieron al encuentro. La situación era muy tensa y de repente se escapa un tiro a un hombre de Cereceda y resultó herido de perdigones otra persona de Cereceda. Menos mal que resultó así porque de ser de otra forma es imprevisible la que se hubiera armado.

En medio de la dialéctica casi bélica hizo de hombre bueno el secretario de Arroyomuerto. Llegaron al acuerdo de entregar los ganados y dejar para otro momento el deslinde que se realizó unos meses después ejerciendo dos niños como testigos como era costumbre antigua. Eso si eran dos niños por cada pueblo. Daban fe de lo acordado por los mayores.

Este litigio de fronteras, por llamarlo de alguna manera trajo otro. El enfrentamiento por el agua de Fuentegrande. Nos referimos a la mayor riqueza que ha tenido Cereceda en todo el siglo y sobre todo cuando sus habitantes necesitaban esta agua. El agua del pueblo que llega desde Fuentegrande se pone por vecindad para regar de día, y de noche se deja para regar la era o la dehesa.

Esta agua atraviesa todo el término municipal en zona este desde la Piñuela hasta la Acera la vieja, Matahijos, la Callejina, la Poza, el Cerezo, etc., zonas que han dado miles y miles de kilogramos de patatas y remolachas o berzas para el ganado.

Esta agua no tenía el mismo curso que el que sigue ahora. Se perdía en la Huerta García, en dirección al rio Cerezo o vulgarmente llamado rio Chico. Un sacerdote que propuso el cambio del curso de dicha agua con la condición de que se le dejara todos los sábados a los huertos o propiedades de la iglesia parroquial y que heredaron los que compraron dichos huertos y algún alcalde posterior suprimió este privilegio.

En el trayecto que se estableció había dos charcas: una en la Piñuela y otra al lado del cementerio actual y así llegaba hasta la poza. Tan solo el trazado de la carretera Ciudad Rodrigo-Béjar en nuestro término municipal hizo que se modificara su trazado hasta llegar al actual que nosotros hemos conocido.

El reparto del agua por vecindad era un sistema de reparto justo y equitativo que es el que se ha utilizado hasta que había suficientes vecinos para regar. Todos los años por Pentecostés se sacaba a subasta ser el fiel del agua, que tapaba la poza cada día, y que alternaba cada dos horas, avisaba a los vecinos de cuáles eran sus horas de cuando le tocaba el turno de riego y destapar la poza por la mañana y distribuir el caudal para cada uno. A la noche a las diez se tapaba.

Cuando regabas hacia arriba cortabas unos minutos antes y después la ponías también unos minutos antes para que el agua llegara a la hora en punto a la poza que era donde se contabilizaba.

Unos años más tarde vendría el enfrentamiento por el agua de Fuentegrande. Creo que debo de citar una circunstancia que resultó clave para la comunicación en esta época; me refiero al llamado Ventorro de Rufo, y más tarde de Pedro Buraco.

Era el final de camino, ya que los coches a falta de la carretera Vecinos-Tamames, venían por Cabrillas y Abusejo hasta el ventorro nombrado. Allí había cambio de medio de transporte y se pasaba a continuar a lomos de caballería hasta el destino, ya fuera La Alberca o cualquier otra localidad serrana. Hay datos de realizar este viaje a finales de los 1430 del rey Juan II peregrino hacia la Peña de Francia y en la época que queremos reseñar el pintor Joaquín Sorolla o el francés Mauricio Legendre para estudiar y pintar los magníficos trajes charros y que luego reflejó en preciosas pinturas, que por desgracia duermen en Estados Unidos. Por lo demás aquí terminaba o empezaba, según se mire la llamada Rodera Salinera de los romanos y después llamada ruta o camino de los serranos, ya que estos eran sus máximos «paseantes».

El dueño primero de dicho ventorro murió ahogado en el rio Yeltes unos años antes de los relatos de esta historia. El siguiente dueño del ventorro tuvo el honor de proclamar la 2.ª República en el municipio de La Alberca en el mismo momento que Unamuno la proclamó en Salamanca.

Por la época se crea el ferrocarril que llegó hasta La Fuente de San Esteban. Facilita el transporte de personas y también de mercancías por lo que facilita la emigración hacia Argentina. Todos conocemos a algún vecino o familiar que estuviera por la Pampa intentando mejorar en fortuna.

Aparecen los carreteros con sus yuntas generalmente de vacas que llevan y traen maderas, productos de cerámica, trigo y otros cereales y sus derivados como el harina o piensos para el ganado.

El ferrocarril te llevaba hasta Vigo y desde allí en barco hasta Buenos Aires.

Unos años más tarde se realiza la obra de la carretera Salamanca-Vecinos, que acorta el tiempo de viaje hasta la capital, y aun así queda desde Cereceda hasta la Peña del Gato, unos 1700 m.

El trazado primero, aunque no hay nada escrito, y menos en nuestra localidad, era de Aldeanueva-Sequeros, iba por Valdecarros, y siguiendo el camino de Zarzoso, bordeando el pueblo por las Jaceras y salía por la Huerta García. Esto era entre los años de 1890 y 1902. ¿Por qué no se hizo este trazado? Parece ser que una familia alejó a Cereceda de la carretera por los perjuicios que a su entender le ocasionaría.

Nuestro querido alcalde Vicente de Paul solicita sea declarado de utilidad pública el camino vecinal que une la Peña del Gato con la localidad de Nava de Francia y por cierto aun no estaba construida la Ciudad Rodrigo-Béjar, aunque ya estaba proyectada y se sabía que se uniría en el empalme de la Piñuela con la de Tamames a Sequeros.

Para construir dicha vía Peña del Gato-Nava de Francia se ofrecen todo tipo de facilidades: terreno comunal gratuito y cooperación comunal también gratuita, siempre que pase por alguna calle del pueblo.

Conviene recordar que algún ayuntamiento como el de Tamames, quería que la trazada hacia la Alberca, no pasase por Zarzoso ni El Cabaco, y que sí lo haga por Cereceda y La Nava.

La inauguración de este camino vecinal tuvo lugar en 1925, el mismo año que se abrió la escuela. No han terminado aquí los problemas con los vecinos, pues queda pendiente el tema de la propiedad de Valdecarros y que era crucial para el ayuntamiento y, por tanto, para los vecinos.

Unos cuantos vecinos dirigidos por este alcalde Vicente se enfrentaron a palos a un grupo de El Cabaco para expulsar de esa finca al ganado del pueblo vecino, que pastaba sin derecho y alegremente.

Durante este tiempo, se llamó a las fuerzas del orden de Sequeros en varias ocasiones para denunciar la invasión de los ganados en el paraje de Valdecarros por los vecinos de El Cabaco.

El gobernador civil de la capital mandó varios escritos para que se abstuvieran de pastar en aquellas tierras y de cortar leña en dicho monte, pero los habitantes de la localidad vecina nunca hicieron caso ni a las fuerzas del orden ni al gobernador.

Años antes el gobernador requirió a los habitantes de El Cabaco por medio de una providencia (11 agosto de 1884) para que respetaran el derecho de propiedad de Valdecarros, pero los cabaqueños no obedecían y seguían metiendo sus ganados, hasta llegar en alguna ocasión a requisar las ovejas en algún corral de Cereceda.

El día 1 de junio de 1913 se convoca sesión extraordinaria para la defensa del Monte de Ponientes (Valdecarros). Acto seguido se solicita a la Jefatura de Montes que se puedan sembrar las tierras que iban poco a poco roturando clandestinamente; cosa que por otra parte era habitual en Cereceda. Los vecinos se van apropiando de terrenos de la Jefatura de Montes o del estado o incluso del municipio. Conociendo la pobre situación de los vecinos, no extraña nada, pues esta explotación podía aminorar el estado de pobreza general que reinaba en la localidad.

La Jefatura de Montes descubre que dichas tierras ya están inscritas en el registro de la propiedad como pertenecientes al Ayuntamiento de Cereceda. Cereceda lo tiene inscrita, a su nombre, pagaba la contribución, hecho que sería definitivo en el Supremo para adjudicárselo a nuestro ayuntamiento.

4. La llegada de la luz eléctrica a Cereceda de la Sierra

Quizá fue el proyecto más espectacular y yo diría estrambótico para la época dotar de energía eléctrica a este municipio. Como es algo que el alcalde no puede realizar, esta industria la pone a nombre de su yerno Hipólito, casado con su hija Agustina.

Firman un contrato en 1914 para instalar el alumbrado público realizando el tendido de postes y cables desde el molino que estaba en la Cuesta. Atrás quedaban el candil de aceite o de carburo y el farol con aceite y la torcida impregnada. El origen estaba en el molino de la Cuesta que aprovechaba la fuerza del agua que movía una dinamo cuyas escobillas de carbón rozaban el colector de cobre y producían la corriente. Un cable sujeto a unos postes lleva la luz hasta las casas del pueblo.

Me permito aclarar que la luz era débil, las bombillas bifásicas y había cortes frecuentes. No cabe duda de que la novedad ha sido impresionante. A primeros de mayo de 1915 se pone en funcionamiento y casi todos los vecinos la instalaron. La instalación, la producción eran muy rudimentarias y él voltaje era mínimo, su cobro de abono mensual y, en verano, por la escasez de agua con muchos cortes.

Unos años más tarde firman un contrato con la empresa Hidroeléctrica del Río Francia que tenía la central en Casas del Conde y que da para alumbrado público.

5. Otros hechos destacados

Recién terminado el camino vecinal de Peña del Gato a Nava de Francia el Ayuntamiento propone sembrar 100 árboles entre negrillos y chopos en las orillas de dicha carretera entre el pueblo y Peña del Gato.

Durante varios años seguidos se celebra el día del árbol, donde participa casi todo el pueblo.

Se realizan varios deslindes con algunos pueblos vecinos, llegando a acuerdos con unos y quedando en desacuerdos y problemas con los vecinos ya expuestos y que, al no mejorar, empeoran. Se llega a acuerdos con localidades como Aldeanueva, Cilleros, o La Bastida en el deslinde.

Se complica la situación con la Jefatura de Montes al estar durmiendo un día el ingeniero en la fonda de Casimiro (casa de Pedro y María catalán) llegó un pastor y a la ventana insultó gravemente al ingeniero. Lo cierto es que dicho ingeniero no volvió por Cereceda y dejó de estar a nuestro favor y se puso desde ese momento a favor de El Cabaco en el litigio territorial entre ambos pueblos.

Debido a algunas roturaciones se ve como necesario el ampliar la era de trillar, metiendo un trozo de El Majadal.

6. La sanidad en la época descrita

Casi todos los médicos que pasaron por Cereceda en la etapa estudiada hablaban con las autoridades de limpiar adecuadamente las fuentes públicas de las que los ciudadanos se abastecían, previo acarreo con los cántaros de barro, por las mujeres o los más pequeños de la casa. Tenían las aguas escasa potabilidad y falta de tuberías y se contamina al coger el agua.

Como anécdota diré que al comienzo del siglo estuvo en nuestro pueblo como médico, recién salido de la facultad el doctor D. Leopoldo Soler, que desde Cereceda se marchó hasta Cespedosa de Tormes, donde fue asesinado el día 11 de junio de 1912, sin que a estas alturas se sepa quien fue su asesino, dadas las ganas que tenía el pueblo de quitarlo de en medio.

Se arregló la llamada fuente grande con bóveda de ladrillo, pero este arreglo fue efímero y al final quedó el agua de uso doméstico al nivel del manantial, donde bebían los ganados que pastaban por las cercanías. Unos años después se solicitó el meter las aguas de la fuente del Aceitero para consumo doméstico. Solo se tardó casi treinta años en canalizarla.

También tardaron bastantes años en meter el agua y poner alguna fuente pública, de las que creo quedan muy pocas debido al mal uso por parte de determinados vecinos.

Algún año posterior de decreta la vacunación obligatoria, así como limpiar calles y corrales sacando los estiércoles de los animales para hacer más salubre la estancia en el pueblo y evitar las enfermedades. Así mismo se facilita el blanqueo de fachadas por parte de los vecinos.

El corral del concejo estaba sin puerta, poniéndosela para que sirva para el fin que se creó: para meter los animales penados por los guardas jurados al servicio del municipio.

Se cierra el llamado cercado de los «marranos» y se limpia de maleza, pero sobre todo se sacan a campo para evitar que propaguen enfermedades, ya que está muy reciente la gripe de 1918, donde fallecieron varios vecinos de localidades próximas y tan solo uno de nuestros cohabitantes.

Pero el conflicto con El Cabaco en vez de aminorar, empeora. No hacen caso ni al gobernador, ni a las fuerzas del orden y sigue pastando y cortando leña cuando les place.

El asunto, por parte del Ayuntamiento, se consulta con algún abogado de prestigio y acuden al archivo de Miranda a buscar documentos que avalen la teoría de nuestras autoridades.

Los vecinos tienen muy poco terreno para desarrollar sus actividades económicas y necesitan más campo y lo primero que se les deja libre es la Fuente Castaño.

Como la roturación era con picos, palas y azadones los herreros tenían abundante trabajo para afilarlos por las noches.

Entre los años 1904 y 1920 se rotura Valcabrero y una zona importante de la Mata Conejal y la ladera de la carretera de El Cabaco, así como la Magrera junto a la Sierra. En Valcabrero se repartían las suertes a los vecinos casados en el municipio.

Estos campos de secano eran muy poco productivos, porque eran terrenos de poco fondo y muy arcillosos, pero contribuyeron a mitigar el hambre y la pobreza que era una constante en la época en casi todas las familias.

Algunos años después de esto se roturaron Las Lagunejas repartiendo también varias parcelas a cada vecino y una vez ganado el juicio de Valdecarros en 1945 se adjudica como huertos familiares. Vino el gobernador de Salamanca, D. Enrique Otero Aenlle, a entregarlos.

Hacia 1956 se roturaron las partes de Valdejardas con adjudicación de parcelas que poco a poco han aumentado el terreno de siembra para cada una de las familias y que tanto necesitaban, y lo último roturado, ya con maquinaria fue la zona de la Dehesa boyal en la Laguna seca y el Mato que se sembró unos años y ahora produce hierba para los ganados.

7. Labores agropecuarias y ganaderas más importantes

Desde tiempos inmemoriales la ocupación o tarea más importantes de los pueblos vetones era el pastoreo que siguiendo el calendario y el clima y a la par que se hacían sedentarios se adaptaba a las necesidades de su alimentación, quiere decir que si tenías un rebaño de ovejas o de cabras, tú alimentación era a base de leche, queso o carne. Si te dedicabas al cultivo del trigo o la avena tu alimentación se fundamentaba en estos cereales o en el posible trueque que pudieras hacer con tus convecinos.

Una vez que el cura Juan A. Melón de Mogarraz propagara el desarrollo del cultivo de la patata, se dedicaban a los cultivos de la susodicha patata que, dicho sea de paso, mató mucha hambre, el cultivo de lino, muy trabajoso y el trigo y otros cereales. En la ganadería se extendieron la dedicación a las cabras, las ovejas, y en un principio a los bueyes, cambiando con posterioridad a las vacas. Nos quedan aún vestigios de los bueyes, como dehesa boyal, o boyero, y casi nunca hablamos del vaquero. Las vacas tenían algo menos de fuerza, pero para la necesaria en Cereceda basta, dando además la cría de los terneros y la leche que nunca se despreciaba.

Pero para complementar esta dedicación y tener unos alimentos de autoabastecimiento todo el mundo poseía algún huerto de regadío y alguna gallina o cerdo de donde sacaban la alimentación diaria a base de tocino y otros derivados del cerdo. Sin perjuicio de que muchas veces se vendían los huevos o los jamones.

Por ello algunos hemos dado gran importancia al llamado potro. Había uno al lado de cada fragua, para herrar las vacas, es decir, ponerle unos hierros a modo de zapatos en épocas de mucho trabajo para que no sufran de las pezuñas. Estos callos se le clavaban en cada parte de la pezuña y las vacas sufrían de lo lindo en esta cuasi tortura.

En el potro también se curaban de ciertas enfermedades como la llamada ubrera (mastitis) o la glosopeda que, aunque no fueran habituales si se daban alguna frecuencia.

En cuanto al ganado ovino o caprino cada cual tenía su atajo más o menos grande, sobre todo si estaban paridas o próximas a estarlo. Para cuidar las ovejas de la mayoría estaba la «piara» que cuidada el pastor, que tenía el amo principal contratando por un año el día de San Pedro, el 29 de junio. Ese día el pastor descansaba y cuidaban ovejas o cabras los rapaces de cada casa.

Las ovejas proporcionaban leche, carne, piel y lana, y por ello era un animal muy apreciado, las cabras daban la leche y la carne del cabrito, que se vendía y la piel, pero su temporada de ordeño era amplia en el tiempo por lo que te aseguraba el desayuno por bastante tiempo. De esta pareja de animales se creaba un alimento de gran utilidad en esta etapa: el queso.

Ya hemos dicho que nuestros antecesores cuando podían roturaban algún trozo bien del ayuntamiento o del estado para poder sacar cierto beneficio extra de las parcelas en forma de grano de trigo o de cebada.

Estos cultivos son muy esforzados para recolectar, sobre todo, al que hay que unir al calor del verano; aunque ello suponía disponer de harina para fabricar el pan, todo el año. Cada casa disponía de un horno de amasar, o casi todas. Si no lo tenías lo buscabas entre tus allegados o parientes.

Un día se levantaban por la mañana y se disponían a amasar. Con lo hoy llamado masa madre harina y agua de volteaba y se mezclaba convenientemente o a través del torno se dejaba muy homogéneo y se dejaba que creciera y después iba al horno, donde se ha calentado con un buen haz de leña para que en una hora se cueza y cuando esté cocido sacarlo del horno con una pala.

Se sacaba el pan y se metía en un cajón y hasta que se acabara la amasadura para volver a amasar.

Tenemos algunos datos que nos dicen lo que algunos vecinos contribuyen al municipio pagando los impuestos sacados del archivo municipal, antes de quemarlos por la autoridad:

Años 1911 y 1912	
José M.	222 reales
Serafín M.	110 reales
Casimiro G.	105 reales
Año 1914	
Aparecen algunos datos sobre la compra de un perro para la piara de las cabras.	
El perro costó 334 pesetas, repartidas como sigue: José M. aporta 84 ptas.; Serafín M. 61 ptas.; Agustín M. 42 pesetas; y Eufrasio M. 45 ptas.	

8. Algunas curiosidades

En la Sierra, La Alberca, Herguijuela o San Martín del Castañar abundaban los arrieros, con sus caballos, mulos o asnos traficaban con mercancías de acá para allá recorriendo todo el país y a veces la inexistencia de caminos hacía difícil el acceso.

En Cereceda y los pueblos colindantes que evacúan sus aguas al padre Duero son más de ir con una pareja de bueyes y después de vacas, para hacer el mismo cometido. Quiero destacar que cuando el general Gonzalo Queipo de Llano se marchó de esta tierra hasta Sevilla fueron dos carros con sus enseres y cosas personales desde Cereceda hasta la ciudad andaluza. Puedo decir que no hablaban muy bien de dicho viaje, que fue un capricho de dicho general los dos hombres que lo realizaron, pues parece ser que no salieron muy bien parados.

El paso del Yeltes se hacía por Puntientes, ya que el río en este tramo era más fácil de cruzar. Según mis noticias aún quedan resto de paso de personas a pie, por unos pontones, ya que el Sr. Daniel Velasco tenía a su puerta en la entrada por la carretera de Sequeros una piedra de gran longitud y que aún perdura a dicha puerta.

La peña Ituero se cruzaba por los carros a través de la Barranca y por la Magrera.

Aunque hay dudas sobre si el Puente de Cantería es de fábrica de la dominación romana no hay noticias de él hasta mediado el siglo XVIII.

Un siglo después se traza y mejora la llamada por los romanos Rodera Salinera, y después Camino de los Carboneros y Camino de los Serranos, bordeando por la parte inferior la Peña Ituero cruzar la Puente la Vega y dirigirse por un lado hacia Tamames y por el otro hacia El Mato, Piñuela y los Praos del Horno.

Algunos recordamos cuando el correo llegaba hasta la Peña del Gato desde La Fuente de San Esteban hasta Sequeros y paraba al subir y al regresar donde nuestro cartero y cualquiera otro de la zona salía a buscarlo con sus valijas y después repartían cartas, paquetes y prensa por las calles de la localidad.

La alimentación era escasa y basada en el autoconsumo. Antes era un producto llamado polenta, algo parecido a castañas molidas y pan que cada cual elaboraba, junto a la típica matanza del cerdo y la leche de vacuno y sobre todo de cabrío componían la dieta diaria. Luego, aprovechaban los productos de temporada, hortalizas y frutas. Cabe destacar por las graves consecuencias la hambruna de 1946: sequía, malas cosechas, desgracias y algunas familias con mayor número de hijos o la falta de jornales lo pasaron peor, porque yo creo que casi todos lo pasaron mal.

Existían los llamados pobres de solemnidad, viudas o huérfanos, desamparados y ancianos a los que o bien las autoridades o bien los hijos se encargaban de atenderles o ayudarles en las tareas agrícolas, y algunos terminaban sus años en casa de los hijos, ya que la seguridad social brillaba por su ausencia.

Las familias o los más allegados se juntaban en momentos puntuales: para un acontecimiento (bodas, comuniones, bautizos, funerales) en la llamada limpieza de una parva, en la matanza y el día de esquilar las ovejas. Esos días había chanza, jolgorio y algún desplante para cualquier joven de la familia o mejor de fuera.

Al fallecimiento de cualquier persona el acompañamiento era general de todo el pueblo. Se enterraban hasta comienzos del siglo XIX en la iglesia y después de esa fecha en el humilladero, lugar al que llevaban al finado en unas andas o en parihuelas. Quiero señalar los innumerables huesos y restos humanos que aparecieron cuando se tiró la casa que había adosada a la iglesia, lo que hoy es un jardín ya que había sido zona de enterramiento muchos años antes.

Las personas, más que nada mujeres, con familiares recientes fallecidos llevaban riguroso luto y en la iglesia encendían velas y cirios como plegarias por el familiar desaparecido.

Los inviernos los hombres merodeaban por las fraguas charlando o haciendo cachivaches que eran necesarios para arreglan una entrada a una finca, poner punta a una reja o hacer algo en algún yugo de uncir la pareja de vacas.

Las mujeres se juntaban por vecindades en algún corral donde diera el sol de plano, donde cosían hacían punto o prendas nuevas para marido o los hijos, y allí se enteraban de todas las noticias de la localidad.

Los domingos era casi obligatorio asistir a misa, después tomar unos vinos y por la tarde asistir al frontón de pelota o marchar para el chapatal a ver como jugaban a la calva con una dosis de morapio suficiente para mayores y jóvenes. Los niños, niñas y alguna señora ir al rosario. Si no ibas al rosario el cura te castigaba y muy probablemente el maestro.

A comienzos del siglo XX se inicia la emigración en Cereceda. La situación política es bastante mala interviniendo Unamuno y otros conocidos autores. Algunos pueblos enteros, como Boada piden ir toda la localidad a la Argentina.

Desde la estación de La Fuente de San Esteban iban a Vigo y muchas familias tienen emigrantes o los tuvieron. Unos volvieron a su terruño, otros se quedaron allá.

La llamada gripe española de 1918 ocasionó terrible mortandad en la Sierra. Familias enteras desaparecieron. Unos pequeños datos estadísticos: en El Cabaco murieron 30 personas, en Nava de Francia 31 fallecidos, en Cereceda solo una mujer.

Las condiciones de las fuentes que surten al pueblo son poco favorables a la salubridad por lo que el ayuntamiento intenta, de acuerdo con el médico, evitar la falta de salubridad.

Tres cosas destacan por su valor en Cereceda y que no valoramos en su medida: El Cristo que estaba en el Humilladero, hoy cementerio y que está ahora a la derecha del altar, la iglesia parroquial con su torre magnífica y el llamado Puente de cantería con sus dos arcos y piedras de granito. Y permitidme que haga alusión al magnífico nacimiento que antaño se montaba en el altar mayor y algunas lenguas dicen que un cura que se compartió con El Cabaco y llevó sin decir ni pío y que nadie ha reclamado ni traído.

En los libros de Historia se hace mención a la fama de Cereceda en la elaboración de tejas y ladrillos que se llevaban para muy diversos lugares de la geografía. Desde el siglo XVIII aparecen datos sobre el asunto.

Cuando el año pasado en fiestas hicimos un pequeño viaje para conocer la ubicación de los molinos situábamos cuatro de ellos.

Un molino en los Prados de Prieto citado en 1750, desaparecido solo nos queda el topónimo de Teso del Molino.

Otro molino en las Digisuelas, también desaparecido era de varias familias, según documentos del Catastro de la Ensenada.

El molino del tío Andresito en la Nava del Monago era de la familia Marsan. Sigue existiendo la pesquera desde la Isla hasta el huerto de herederos de Hipólito Marcos y Agustina de Paúl donde se ubicaba.

El último antes del situado a la entrada por carretera de Tamames era el molino de la Cuesta desaparecido hacia 1960 y cuya propiedad era desde 1750 a la familia y herederos de Paúl Marcos.

Este molino de la Cuesta fue el utilizado para producir electricidad y ya comentado en estas mismas páginas.

Me consta en mi vaga memoria que viajando una vez hacia la Nava el Monago unos militares preguntaron a mi padre por el molino del tío Andresito.

Queda claro que se existían varios molinos era porque se hacía necesario moler, unas veces para las persones hacer harina, otras veces para los animales, cebada, centeno, yeros o trigo.

CAPÍTULO VI

ANÁLISIS DE LA FUTURA Y TANTAS VECES ANUNCIADA ESTRATEGIA DE SOSTENIBILIDAD DEMOGRÁFICA Y TERRITORIAL DE CASTILLA Y LEÓN: UNA HISTORIA INTERMINABLE

De conformidad con el art. 16 del Ley Orgánica 14/2007, de 30 de noviembre, de reforma del Estatuto de Autonomía de Castilla y León (EACyL), los poderes públicos de Castilla y León, en el ejercicio de sus competencias, deben orientar sus actuaciones de acuerdo con los principios rectores establecidos en la Constitución y en el propio Estatuto, promoviendo y adoptando aquellas medidas necesarias que garanticen la plena eficacia de determinados objetivos, entre los que se encuentra: «la lucha contra la despoblación, articulando las medidas de carácter institucional, económico, industrial y social que sean necesarias para fijar, integrar, incrementar y atraer población» (art. 16.9 EACyL).

A mayor abundamiento, dicho texto contempla como principio rector estatutario de la actuación de los poderes públicos: «[e]l crecimiento económico sostenible, orientado a la cohesión social y territorial y a la potenciación y aprovechamiento pleno de los recursos de la Comunidad para mejorar la calidad de vida de los castellanos y leoneses» (art. 16.2 EACyL).

Pese a estas previsiones normativas, Castilla y León es uno de los escasos territorios del Reino de España que no dispone todavía ni de instrumentos normativos propios ni de herramientas de planificación autonómica en materia de reto demográfico y territorial. Así las cosas, todavía hoy se encuentra en proceso de elaboración de sus respectivos documentos programáticos para hacer frente al reto demográfico y territorial. No obstante, existen una serie de antecedentes que conviene reseñar a los efectos de contextualizar el marco en el que se gesta la esperada Estrategia de Sostenibilidad Demográfica y Territorial de Castilla y León.

Así las cosas, mediante Acuerdo 88/2020, de 25 de noviembre, de la Junta de Castilla y León se procedió a la creación de un Grupo de Trabajo Interconsejerías de Dinamización Demográfica con el objetivo de analizar, coordinar, llevar a cabo el seguimiento y realización de propuestas en materia de dinamización demográfica[159].

Tiempo después, el 31 de agosto de 2021, la Administración autonómica suscribió un convenio con la Universidad de Burgos[160], en colaboración con las restantes universidades públicas castellano y leonesas para la realización de los trabajos conducentes a la elaboración de la Estrategia de Sostenibilidad Demográfica y Territorial de Castilla y León[161], la cual se encuentra actualmente pendiente de aprobación.

Como se desprende de la literalidad del documento publicitado en el sitio web oficial de la Junta de Castilla y León[162], el mismo queda definido como una Estrategia, «no es un plan, sino un enfoque, una dirección y una forma de actuar. No concreta actuaciones o medidas, sino propuestas de medidas para su valoración e implantación por los órganos competentes. Para ello se ha seguido una metodología estricta y estandarizada que da forma a un

---

159. A comienzos de noviembre de 2020, la Consejería de Transparencia, Ordenación del Territorio y Acción Exterior de la Junta de Castilla y León inició la consulta pública para elaborar un anteproyecto de Ley de Población y Territorio de Castilla y León.

160. Por medio de dicho instrumento se autoriza a la Consejería de Transparencia, Ordenación del Territorio y Acción Exterior la concesión directa de una subvención a la Universidad de Burgos, por un importe de doscientos cuarenta mil euros (240.000 €), para la realización de actuaciones en materia de dinamización demográfica con la colaboración técnico de las Universidades de León, Salamanca y Valladolid. Como se desprende de los términos previstos en su anexo, la finalidad de la subvención es múltiple: (i) fomentar la investigación interdisciplinar en materia de dinamización demográfica entre profesores, investigadores y especialistas universitarios procedentes de las diversas ramas del saber, incluyendo enfoques temáticos y metodológicos multidisciplinarios, así como transferir los resultados de esa investigación generando espacios de discusión y debate que reúnan a un gran número de especialistas de muy diversos campos científicos. Se trata de estudiar el problema de la despoblación y la dinamización demográfica, ayudando a comprender tanto su trayectoria histórica, como su presente y las problemáticas económicas y sociales a las que se enfrenta, analizando las causas y los retos que se plantean en el futuro; (ii) difundir los estudios sobre la realidad y nuevas aportaciones en materia de dinamización demográfica entre los estudiantes, los profesionales y las personas interesadas, principalmente en Castilla y León, a la vez que proporcionar formación e información pública sobre estudios e investigaciones en la materia; (iii) analizar desde una perspectiva académica los problemas económicos, sociales y culturales intrínsecamente relacionados con la dinamización demográfica en Castilla y León; (iv) fomentar iniciativas y proyectos sobre el análisis de la situación demográfica y su dinamización; y (v) elaborar propuestas de las políticas públicas necesarias para la lucha contra la despoblación en Castilla y León.

161. El citado proyecto contó con la implicación de más de un centenar de académicos del Sistema Universitario de Castilla y León, procedentes de diferentes áreas de conocimiento, bajo la dirección del Prof. Dr. Santiago A. Bello Paredes, Catedrático de Derecho Administrativo de la Universidad de Burgos.

162. Disponible en: https://lc.cx/G6NBAB

trabajo estructurado para el futuro»[163]. Con ella, se pretende que la política pública de sostenibilidad demográfica y territorial adopte un carácter estratégico y transversal para el gobierno autonómico permitiendo asegurar la cohesión territorial y social.

Entre los objetivos estratégicos que vehiculan y dan forma a la citada Estrategia sobresalen los siguientes:

1. Incentivar la natalidad[164].

2. Incrementar el balance migratorio.

3. Mejorar la presencia de jóvenes en los municipios rurales.

4. Mejorar el sistema de gobernanza de la sostenibilidad demográfica y territorial.

5. Adoptar medidas de calidad normativa que favorezcan el desarrollo económico en las zonas prioritarias.

6. Garantía normativa de servicios esenciales[165].

7. Completar la transición del modelo de ordenación del territorio supramunicipal.

8. Dotar de criterios estables y homogéneos y sostenibles al desarrollo de infraestructuras en el territorio.

9. Facilitar la accesibilidad de cercanía a todos los servicios y equipamientos en entornos de los centros de prestación de servicios.

10. Transporte de proximidad sostenible.

11. Favorecer nuevos modelos para la transformación y comercialización de productos.

12. Impulsar los equipamientos para los productos de primera necesidad.

13. Favorecer la creación de servicios de mejora de calidad de vida.

---

163. La finalidad es articular un instrumento de planificación a medio plazo con una visión integral, que agrupe actuaciones y proyectos aprovechando las potencialidades y fortalezas de la Comunidad, y que sean impulsados desde el conjunto de departamentos y entidades de la administración regional, con la colaboración indispensable con los municipios, diputaciones provinciales y el Consejo Comarcal de El Bierzo.

164. Desde la Administración de la Comunidad se viene impulsando un conjunto extenso de planes y estrategias sectoriales que contribuyen a aportar, desde diferentes áreas competenciales, soluciones al desafío demográfico, con iniciativas específicas en materia de fiscalidad diferenciada y natalidad, entre otras.

165. Recientemente hacia su aparición en escena la Ley 8/2024, de 16 de septiembre, por la que se garantiza la prestación de los servicios autonómicos esenciales en la Comunidad de Castilla y León, hito normativo que tiene por objeto garantizar al ciudadano la prestación y el acceso en condiciones de igualdad en el territorio de la Comunidad de Castilla y León de los servicios autonómicos esenciales de asistencia sanitaria, educación y servicios sociales, que se desarrollan directamente por la Administración de la Comunidad de Castilla y León o en colaboración con otras administraciones públicas.

14. Tomar las medidas para ajustar la oferta y la demanda en la formación y el empleo.

15. Potenciar modelos asistenciales de cercanía para mayores.

16. Impulsar la conciliación específicamente en el medio rural.

17. Abordar procesos de especialización económica que pongan en valor recursos endógenos.

18. Impulso a las empresas innovadoras, y apuesta por la digitalización.

19. Definición formal del vínculo de arraigo y censo de población de residencia no permanente en los pequeños municipios.

20. Impulsar la puesta a disposición de vivienda rural.

21. Fomentar los valores del medio rural.

22. Fortalecer la colaboración público-privada y con las asociaciones en el territorio.

23. Estructurar la coordinación interadministrativa cooperación institucional.

24. Medidas de refuerzo competencial de las Corporaciones Locales.

La Estrategia de Sostenibilidad Demográfica y Territorial de Castilla y León se organiza en cuatro ejes de actuación prioritarios, dedicando el primero de ellos a la «Gobernanza multinivel», en el que se agrupan todas aquellas actuaciones orientadas a fortalecer la cooperación entre los agentes implicados en el desarrollo e implementación de la citada Estrategia, estableciendo como líneas de actuación un diseño conjunto de un modelo de gestión en el territorio encargado de dar respuesta a la necesidad y garantía de servicios esenciales, básicos y complementarios, estructurar la coordinación interadministrativa y la cooperación institucional e impulsar la colaboración público-privada aprovechando las ventajas y potencialidades del tejido asociativo en el territorio.

En el segundo eje, destinado a los «Espacios para la calidad de vida», prevé el desarrollo de actuaciones con el objeto de asegurar un nivel adecuado de bienestar mediante el desarrollo de proyectos de infraestructuras, servicios y equipamientos con incidencia directa en la vida de las personas que habitan en los espacios rurales, medidas tendentes a incentivar la natalidad, así como la atracción de nuevos pobladores, definiendo nuevas formas de vivir y trabajar en el seno de las comunidades rurales. Es aquí, donde cobra especial relevancia la escuela rural.

El tercer eje relativo al «Emprendimiento enfocado y conectado» pone de manifiesto la existencia de numerosas posibilidades de desarrollo impulsando los sectores estratégicos de nuestra comunidad como el patrimonio cultural, natural, forestal y turístico, el sector agroalimentario, la energía, el medio ambiente y el hábitat, todo ello mediante líneas de actuación para favorecer un emprendimiento innovador mediante el apoyo y asesoramiento para el desarrollo de nuevos nichos, la innovación de los modelos de comercialización, así como el ajuste de la especialización productiva y de la formación profesional[166].

Finalmente, el cuarto eje de la Estrategia relativo al necesario establecimiento de «Sinergias entre lo rural y lo urbano», contempla un paquete de medidas que aseguren una mirada reciproca que permita potenciar los valores rurales en las ciudades, reforzando su vínculo y mejorando así a ambos entornos mediante la puesta en marcha de medidas de sensibilización y reconocimiento de los valores de las zonas rurales, medidas de puesta en valor de los productos y economía rural, incentivos para el comercio de proximidad y con medidas para favorecer estancias de larga duración en los espacios rurales.

---

166. En este punto conviene señalar que mediante Acuerdo 97/2024, de 19 de septiembre, de la Junta de Castilla y León, se ha aprobado la Estrategia de Talento 2031 y el Plan de Acción Integral de Talento de la Junta de Castilla y León 2024-2027, instrumento en el que se pone de manifiesto que el talento es factor clave para impulsar el crecimiento y la productividad de las organizaciones, así como de los territorios, siendo una prioridad estratégica en Castilla y León con el objetivo de consolidar el ecosistema necesario para favorecer la generación, atracción y fidelización del talento a la Comunidad, como palanca de impulso de la economía en su conjunto.
El Plan contempla, entre otras, medidas y actuaciones específicas favorecedoras de la sostenibilidad demográfica y territorial con medidas fiscales para el fomento del emprendimiento y para los jóvenes, así como medidas específicas en materia de vivienda para apoyar un proyecto de vida en Castilla y León, con deducciones especiales y más favorables en el Impuesto de la Renta de las Personas Físicas en el caso de adquisición, rehabilitación o alquiler de viviendas en el medio rural, contemplando la aplicación de tipos superreducidos en el Impuesto de Transmisiones Patrimoniales y Actos Jurídicos Documentados por la adquisición de la vivienda habitual o la adquisición de inmuebles destinados a sede social o centros de trabajo de empresas o negocios profesionales en el medio rural. Se contemplan además actuaciones para la dinamización de la actividad económica en las zonas rurales, impulsando proyectos capaces de crear actividad y riqueza en nuestras zonas rurales, aprovechando y poniendo en valor sus propios recursos endógenos, facilitando asistencia técnica en el desarrollo de estos proyectos en todas sus fases, entre otras.

BIBLIOGRAFÍA

ALARIO TRIGUEROS, M., MOLINERO HERNANDO, F. y MORALES PRIETO, E. «Nuevos usos residenciales en el espacio rural de Castilla y León», en *Boletín de la Asociación de Geógrafos Españoles,* núm. 66, 2014.

ALMEIDA CERREDA, M., «El impacto de la Ley 27/2013, de 27 de diciembre, de racionalización y sostenibilidad de la Administración Local, en la distribución de competencias en materia de educación, salud, sanidad y servicios sociales», en *Revista d'estudis autonòmics i federals,* núm. 22, 2015.

BANDRÉS MOLINÉ, E. y AZÓN PUÉRTOLAS, V., *La despoblación de la España interior,* Funcas, Madrid, 2021.

BANDRÉS MOLINÉ, E. y AZÓN PUÉRTOLAS, V., «La España despoblada: tendencias recientes», en *Economistas,* núm. 181, 2023.

BELLO PAREDES, S.A., «Castilla y León vacía (vaciada): esperando a Ulises», en *Revista de Estudios de la Administración Local y Autonómica*, núm. 3, 2020.

BELLO PAREDES, S.A., «La despoblación en España: Balance de las políticas públicas implantadas y propuestas de futuro», en Revista de Estudios de la Administración Local y Autonómica. Nueva época, núm. 19, 2023.

BOIX, R., «Escuela rural y territorio: entre la desruralización y la cultura local», en *Revista Digital eRural, educación, cultural y desarrollo rural*, vol. 1, núm. 1, 2003.

BUSTOS JIMÉNEZ, A., «La escuela rural española ante un contexto en transformación», en *Revista de Educación*, vol. 350, 2009.

CAMARERO RIOJA, L.A., «Tendencias recientes y evolución de la población rural en España», en *Política y Sociedad,* núm. 8, 1991.

CAMARERO RIOJA, L.A., *Del éxodo rural y del éxodo urbano: ocaso y renacimiento de los asentamientos rurales en España,* Ministerio de Agricultura, Pesca y Alimentación, Secretaría General Técnica, Centro de Publicaciones, Madrid, 1993.

CAMARERO RIOJA, L.A., «Los patrimonios de la despoblación: La diversidad del vacío», en *PH: Boletín del Instituto Andaluz del Patrimonio Histórico*, vol. 27, núm. 98, 2019.

CAMARERO RIOJA, L.A., «Despoblamiento, baja densidad y brecha rural: un recorrido por una España desigual», en *Panorama Social*, núm. 31, 2020.

COLLANTES GUTIERREZ, F., PINILLA NAVARRO, V.J., SÁEZ PÉREZ, L.A. y SILVESTRE RODRÍGUEZ, J. «Reducing Depopulation in Rural Spain: The Impact of Immigration», en *Population, Space and Place*, núm. 20, 2013.

COMISIONADO DEL GOBIERNO FRENTE AL RETO DEMOGRÁFICO, *Directrices generales de la Estrategia Nacional frente al Reto Demográfico,* Madrid, 2019.

COMITÉ EUROPEO DE LAS REGIONES, *Dictamen sobre la movilidad en las regiones con desventajas geográficas y demográficas,* Diario Oficial de la Unión Europea 2014/C 415/05.

COMITÉ EUROPEO DE LAS REGIONES, *La respuesta de la Unión Europea al reto demográfico*, DOUE 2017/C 017/08.

CONSEJERÍA DE SANIDAD DE LA JUNTA DE CASTILLA Y LEÓN, *Documento marco para un nuevo modelo de asistencia sanitaria en el medio rural,* Valladolid, 2019.

CONSEJO DE CUENTAS DE CASTILLA Y LEÓN, *Fiscalización de la aplicación de las medidas aprobadas por las Cortes de Castilla y León en materia de despoblación en las entidades locales de Castilla y León*, Valladolid, 2019.

CONSEJO ECONÓMICO Y SOCIAL, *El medio rural y su vertebración social y territorial.* Informe 01/2018, aprobado en sesión ordinaria del Pleno de 24 de enero de 2018. Madrid, 2018.

CONSEJO ECONÓMICO Y SOCIAL, *Un medio rural vivo y sostenible. Informe 02/2021, aprobado en sesión extraordinaria del Pleno de 7 de julio de 2021*, Madrid, 2021.

CONSEJO ECONÓMICO Y SOCIAL DE CASTILLA Y LEÓN, *Situación Económica y Social de Castilla y León 2023,* Valladolid, 2024.

CORCHÓN ÁLVAREZ, E., *La escuela rural: pasado, presente y perspectivas de futuro,* Oikos-Tau, Barcelona, 2000.

DEFENSOR DEL PUEBLO, *Informe Anual del Defensor del Pueblo 2018,* Madrid, 2018.

DEL BARRIO ALISTE, J.M., «¿Existe la escuela rural?, en *Cuadernos de pedagogía*, núm. 251, 1996.

DELGADO URRECHO, J.M. y **MARTÍNEZ FERNÁNDEZ, L.C.**, «El transporte a la demanda como sistema de movilidad alternativo en áreas rurales de baja densidad demográfica: el caso de Castilla y León», en *Boletín de la Asociación de Geógrafos Españoles,* núm. 72, 2016.

DELVAL, J., *Los fines de la educación,* Siglo Veintiuno de España Editores, Madrid, 1996.

DE SANTIAGO RODRÍGUEZ, E. y **GONZÁLEZ GARCÍA, I.**, «El estudio del planeamiento urbanístico municipal en España: Análisis de los instrumentos vigentes y de los municipios sin planeamiento», en *Cuadernos de Investigación Urbanística*, núm. 127, 2019.

DE UNAMUNO, M., «La dignidad humana», en *Obras completas*, Editorial Escelicer, vol. I, Madrid, 1966.

DOMÍNGUEZ ÁLVAREZ, J.L., «La despoblación en Castilla y León: políticas públicas innovadoras que garanticen el futuro de la juventud en el medio rural», en *Cuadernos de Investigación en Juventud,* núm. 6, 2019.

DOMÍNGUEZ ÁLVAREZ, J.L., «Algunos apuntes acerca de la necesidad de repensar el ordenamiento jurídico y la técnica normativa como premisas para afrontar el reto demográfico y territorial», en *Revista Española de Función Consultiva*, núm. 33, 2020.

DOMÍNGUEZ ÁLVAREZ, J.L., *Comunidades discriminadas y territorios rurales abandonados. Políticas públicas y Derecho administrativo frente a la despoblación*, Thomson Reuters-Aranzadi, Cizur Menor, 2021.

DOMÍNGUEZ ÁLVAREZ, J.L., «Internet y nuevas tecnologías como punta de lanza para la revitalización de territorios rurales despoblados: La necesaria reconstrucción de la idea de servicio público», en *Revista Digital de Derecho Administrativo*, núm. 26, 2021.

DOMÍNGUEZ ÁLVAREZ, J.L., «Hacia el diseño de nuevos instrumentos para afrontar el reto demográfico y territorial: de la potestad de planificación de las administraciones públicas a la transformación del ordenamiento jurídico», en **FERNANDO PABLO, M.M.** y **DOMÍNGUEZ ÁLVAREZ, J.L.** (Dirs.), Rural Renaissance: acción, promoción y resiliencia, Thompson Reuters-Aranzadi, Cizur Menor, 2022.

DOMÍNGUEZ ÁLVAREZ, J.L. y **TOMÉ DOMÍNGUEZ, P.M.**, «La conectividad de los territorios rurales como premisa para el fomento de la dinamización y la sostenibilidad de las áreas con desafíos demográficos: más allá de brechas y promesas», en **RODRÍGUEZ ESCANCIANO, S.** y **ÁLVAREZ CUESTA, H.** (Coords.), *La economía social y el desarrollo sostenible*, Colex, A Coruña, 2022.

DUMONT, G-F., «¿Despoblación o despoblamiento en la Unión europea?», en *Population & Avenir,* núm. 743, 2019.

ESCALONA ORCAO, A. I. y DÍEZ CORNAGO, C., «Retos y problemas de la accesibilidad a servicios en zonas despobladas: un caso en la provincia de Teruel (España)», en *Scripta Nova: Revista Electrónica de Geografía y Ciencias Sociales,* vol. 9, núm. 2, 2005.

ESCRIBANO PIZARRO, J., «Servicios educativos y sanitarios elementales en el medio rural: percepción social e influencia sobre la calidad de vida», en *Revista de Estudios Geográficos,* vol. 73, núm. 272, 2012.

EUROSTAT, *Europe 2020 indicators-poverty and social exclusion,* Luxemburgo, 2018.

FEDERACIÓN ESPAÑOLA DE MUNICIPIOS Y PROVINCIAS. *Población y Despoblación en España 2016.* Documento de trabajo de la Comisión de Despoblación de la FEMP, Madrid, 2017.

FEDERACIÓN ESPAÑOLA DE MUNICIPIOS Y PROVINCIAS. *Listado de medidas para luchar contra la despoblación en España.* Documento de acción de la Comisión de Despoblación de la FEMP, Madrid, 2017.

FERNÁNDEZ DE GATTA SÁNCHEZ, D., «La política y las acciones de la Unión Europea sobre la dependencia derivada del envejecimiento de la población», en *Noticias de la Unión Europea,* núm. 303, 2010.

FERNÁNDEZ DE GATTA SÁNCHEZ, D., *Sistema jurídico-administrativo de protección del medio ambiente,* Ratio Legis, 9.ª edición, Salamanca, 2020.

FERNÁNDEZ RODRÍGUEZ, T.R., «Reflexión sobre la empresa pública española», en AA.VV., *La empresa pública española,* Instituto de Estudios Fiscales, Madrid, 1980.

FERNANDO PABLO, M.M., «El sistema para la autonomía y atención a la dependencia desde una perspectiva constitucional», en *Noticias de la Unión Europea,* núm. 303, 2010.

FERNANDO PABLO, M.M. y DOMÍNGUEZ ÁLVAREZ, J.L. (Dirs.), *Rural Renaissance: Derecho y Medio Rural,* Thomson Reuters-Aranzadi, Cizur Menor, 2020.

GARCÍA JIMÉNEZ, A., «La despoblación: una cuestión de Estado», en *Revista Jurídica de Castilla y León,* núm. 52, 2020.

GARCÍA SANZ, B., «¿Se acabó el éxodo rural? Nuevas dinámicas demográficas del mundo rural español», en GARCÍA PASCUAL, F. (Coord.), *La lucha contra la despoblación todavía necesaria: políticas y estrategias sobre la despoblación en las áreas rurales del siglo XXI,* Centro de Estudios sobre la Despoblación y Desarrollo de Áreas Rurales, Zaragoza, 2003.

GARCÍA SANZ, B., «La industria agroalimentaria y el desarrollo rural», en *Papeles de economía española,* núm. 96, 2003.

GÉRVAS, J. y **PÉREZ, M.**, «El médico rural en el siglo XXI, desde el punto de vista urbano», en *Revista clínica electrónica en atención primaria,* núm. 14, 2007, pp. 1-5; ROMERO GONZÁLEZ, J., y BOIX PALOP, A. (Coord.), *Democracia desde abajo. Nueva agenda para el gobierno local*, Universitat de València, Valencia, 2015.

GOBIERNO DE ESPAÑA, *Programa de Desarrollo Rural Sostenible (2010-2014), Situación y diagnóstico del medio rural en España*, Madrid, 2010.

GÓMEZ GARCÍA, J.M. y **GONZÁLEZ RICO, M.**, «La mujer en el medio rural de Castilla y León: diversificación sectorial y proceso de dinamización económica», en *Estudios de economía aplicada*, vol. 23, núm. 2, 2005.

GONZÁLEZ IGLESIAS, M.Á., «Los Entes locales en la legislación y en la política de dependencia», en *Noticias de la Unión Europea,* núm. 303, 2010.

GONZÁLEZ-LEONARDO, M. y **LÓPEZ-GAY, A.**, «Del éxodo rural al éxodo interurbano de titulados universitarios: la segunda ola de la despoblación», en *Ager. Revista de Estudios sobre Despoblación y Desarrollo Rural,* núm. 31, 2021.

GONZÁLEZ REGIDOR, J., «Medio rural y medio ambiente: por un desarrollo rural sostenible», en *Ambienta,* núm. 73, 2008.

GONZALO MIGUEL, C.M., «Ley 7/2013, de 27 de septiembre, de Ordenación, Servicios y Gobierno del Territorio de la Comunidad de Castilla y León (BOCyL núm. 189, de 1 de octubre de 2013)», en *Actualidad Jurídica Ambiental,* núm. 29, 2013.

HORTELANO MÍNGUEZ, L.A., «Prestación y garantía de los servicios de proximidad con un carácter social en el medio rural de Castilla y León: medida imprescindible frente al reto demográfico», en Fernando Pablo, M.M. y Domínguez Álvarez, J.L. (Dirs.), Rural Renaissance: normas, territorio y conflicto, Colex, A Coruña, 2024.

INSTITUTO NACIONAL DE ESTADÍSTICA, *Estadística del padrón continuo,* Madrid, 2020.

JEAN, Y., y **CHAMPOLLION, P.**, «Espaces ruraux français et écoles», en JEAN, Y. (Dir.): *Géographies de l'école rural: acteurs, réseaux, territoires,* Ophrys, París, 2007.

MARTÍN MATEO, R., *Derecho Ambiental*, Editorial Instituto de Estudios de la Administración Local, Madrid, 1977.

MARTÍNEZ LÓPEZ, J.A., «El modelo híbrido de atención a las personas en situación de dependencia en España: una década de cambios normativos y ajustes presupuestarios», en *Revista del Centro Latinoamericano de Administración y Desarrollo. Reforma y Democracia,* núm. 68, 2017.

MATEOS CRESPO, J.L., «Organización territorial, prestación de servicios públicos y despoblación: ¿una estrecha relación?», en FERNANDO PABLO, M.M. y DOMÍNGUEZ ÁLVAREZ, J.L. (Dirs.), *Rural Renaissance: Derecho y Medio rural,* Thomson Reuters-Aranzadi, Cizur Menor, 2020.

MINISTERIO DE AGRICULTURA, PESCA Y ALIMENTACIÓN, *II Plan de Acción de la Estrategia de Digitalización del sector agroalimentario y del medio rural,* Madrid, 2021.

MINISTERIO DE EDUCACIÓN E INSTITUTO NACIONAL DE EVALUACIÓN EDUCATIVA, *El abandono educativo temprano: análisis del caso español,* Madrid, 2013.

MINISTERIO DE EDUCACIÓN, *Resultados del Programa para la Evaluación Internacional de Alumnos (PISA) de la OCDE,* Madrid, 2015.

MINISTERIO DE POLÍTICA TERRITORIAL, *Estudio de los datos contenidos en el Registro de Entidades Locales de Castilla y León*, Madrid, 2009.

MINISTERIO DE POLÍTICA TERRITORIAL Y FUNCIÓN PÚBLICA, *Directrices Generales de la Estrategia Nacional frente al Reto Demográfico*, Madrid, 2019.

MINISTERIO DE SANIDAD Y CONSUMO, *Marco Estratégico para la mejora de la atención primaria en España: 2007-2012. Proyecto AP-21,* Madrid, 2007.

MINISTERIO PARA LA TRANSICIÓN ECOLÓGICA Y EL RETO DEMOGRÁFICO, *Plan de recuperación. 130 medidas frente al Reto Demográfico,* Madrid, 2021.

MORALES ROMO, N., «La política de concentraciones escolares en el medio rural: repercusiones desde su implantación hasta la actualidad», en *Ager: Revista de estudios sobre despoblación y desarrollo rural,* núm. 14, 2013.

MULERO MENDIGORRI, A., y GARZÓN GARCÍA, R., «Espacios naturales protegidos y desarrollo rural en España: los Planes de Desarrollo Sostenible», en *Ería, Revista de Geografía,* núm. 68, 2005.

MUÑOZ MACHADO, S., *Tratado de Derecho Administrativo y Derecho público general,* vol. I, Civitas, Madrid, 2004.

NOGUERA TUR, J. y FERRANDIS MARTÍNEZ, A., «Accesibilidad y provisión de servicios de interés general en las áreas rurales de la Unión Europea: un análisis a partir del Eurobarómetro», en *Boletín de la Asociación de Geógrafos Españoles,* núm. 64, 2014.

ORGANIZACIÓN DE LAS NACIONES UNIDAS PARA LA EDUCACIÓN, LA CIENCIA Y LA CULTURA, *Informe de seguimiento de la educación en el mundo*, París, 2019.

PINILLA NAVARRO, V.J. y **SÁEZ PÉREZ, L.A.**, «La despoblación rural en España: génesis de un problema y políticas innovadoras», en *Informes CEDDAR*, Centro de Estudios sobre Despoblación y Desarrollo de Áreas Rurales (CEDDAR), núm. 2, Zaragoza, 2017.

PINTO HERNÁNDEZ, F. y **GARCÍA CHAVES, M.C.**, «El Estado del Bienestar en el medio rural español. La efectividad de las políticas públicas», en **FERNANDO PABLO, M.M.** y **DOMÍNGUEZ ÁLVAREZ, J.L.** (Dirs.), *Rural Renaissance: Derecho y Medio rural,* Thomson Reuters-Aranzadi, Cizur Menor, 2020.

PRESIDENCIA DEL GOBIERNO, *Plan de Recuperación, Transformación y Resiliencia «España puede»,* Madrid, 2020.

PRESIDENCIA DEL GOBIERNO, *España Digital 2026,* Madrid, 2020.

QUINTANA LÓPEZ, T., «Las comarcas en Castilla y León: la comarca del Bierzo», en *Revista Aragonesa de Administración Pública*, núm. 3, 1993.

RED DE ÁREAS ESCASAMENTE POBLADAS DEL SUR DE EUROPA, *Documento de posición de la SSPA para España,* Aragón, 2018.

RICO GONZÁLEZ, M. y **GÓMEZ GARCÍA, J.M.**, «Mujeres y despoblación en el medio rural de Castilla y León», en *Ager: Revista de estudios sobre despoblación y desarrollo rural= Journal of depopulation and rural development studies*, núm. 3, 2003.

RODRÍGUEZ RODRÍGUEZ, M.C. y **GALDEANO GÓMEZ, E.**, «Los Servicios de Proximidad como Factor Clave para el Desarrollo de Áreas Rurales», en *Seminario de Cooperación de Desarrollo en Espacios Rurales*, Almería, 2007.

ROMERO RENAU, L., *Despoblación y abandono de la España rural. El imposible vencido,* Tirant lo Blanch, Valencia, 2018.

SÁEZ PÉREZ, L.A., **AYUDA BOSQUE, M.I.** y **PINILLA NAVARRO, V.J.**, «Pasividad autonómica y activismo local frente a la despoblación en España: el caso de Aragón analizado desde la Economía Política», en *Ager: Revista de estudios sobre despoblación y desarrollo rural,* núm. 21, 2016.

SÁEZ PÉREZ, L.A., «Análisis de la Estrategia Nacional frente a la Despoblación en el Reto Demográfico en España», en *Ager: Revista de estudios sobre despoblación y desarrollo rural= Journal of depopulation and rural development studies*, núm. 33, 2021.

SANCHO COMÍNS, J. y **REINOSO MORENO, D.**, «La delimitación del ámbito rural: una cuestión clave en los programas de desarrollo rural», en *Estudios geográficos*, vol. 73, núm. 273, 2012.

SÁNCHEZ DE VEGA, A., «El Consejo Consultivo de Castilla y León y las Administraciones locales en el ámbito rural», en **FERNANDO PABLO, M.M.** y

Domínguez Álvarez, J.L., (Dirs.), *Rural Renaissance: Derecho y Medio Rural,* Thomson Reuters-Aranzadi, Cizur Menor, 2020.

Servicio de Estudios del Parlamento Europeo, *Zonas escasamente pobladas y regiones con baja densidad de población,* Bruselas, 2016.

Silvestre Rodríguez, J., «Las emigraciones interiores en España durante los siglos XIX y XX: una revisión bibliográfica», en *Ager: Revista de estudios sobre despoblación y desarrollo rural = Journal of depopulation and rural development studies*, núm. 2, 2002.

Sosa Wagner, F., *La gestión de los servicios públicos locales,* Civitas, 7.ª edición, Madrid, 2008.

Tolón Becerra, A., «Evolución del desarrollo rural en Europa y en España. Las Áreas rurales de metodología LEADER», en *M+ A, Revista Electrónic@ de Medioambiente*, núm. 4, 2007.

Uceda Maza, F.X. y Martínez Martínez, L., «Servicios sociales municipales en la Comunidad Valenciana», en Romero González, J., y Boix Palop, A. (Coord.), *Democracia desde abajo. Nueva agenda para el gobierno local,* Universitat de València, Valencia, 2015.

Unión de Centros de Acción Rural, *Prediagnóstico de la situación de las personas dependientes en el mundo rural*, Madrid, 2011.

ANEXO

LISTADO DE MAESTROS DE LA LOCALIDAD. PASADO, PRESENTE Y FUTURO DE UNA VOCACIÓN ÚNICA[167]

Serafín Aparicio Arroyo
Joaquín Aparicio Arroyo
Saturnino Aparicio Arroyo
Julio Aparicio
José Mata Montejo
Amador Mata Montejo
Maxi Sánchez
Gumersindo Sánchez Hernández
Soledad Sánchez Hernández
Anastasio Sánchez Martín
Serafín Marcos de Paul
Luis González Montejo
José Manuel Montejo Sánchez
Águeda Marcos Hernández
Manuel Marcos Martín
Pedro González Villaseca
M.ª Carmen Marcos García
Juan Francisco Martín González
Juan Pedro Oliveira González

---

167. Este listado ha sido confeccionado por los autores recurriendo únicamente a la memoria y el conocimiento propios, sentimos, por tanto, las posibles omisiones que se hayan podido producir.

Vanesa Domínguez Álvarez
Francisco Martín García
Irati Iriarte Marcos
Eugenio Franco Marcos
Raúl Martín Domínguez
Juan Montejo Velasco
Jesús Montejo Velasco
Mercedes Marcos Robles
Paz Marcos Marcos
Sabina Marcos Marcos
Agustina Marcos
Yolanda Martín Franco
José Antonio Martín Neri
José Santiago Montejo
Esperanza Rodríguez González
Loly González Montejo